행복한 가족 대화법

행복한
가족 대화법

문송란 지음

공감

자녀에게 최고의 훈육법은

혼내는 것이 아닌 이유와 원인을 쉽게 설명해 주는 것이다.

사랑과 지혜로 키운 자녀

총명한 지혜로 자녀의 삶을 윤택하게 한다.

- Song

초융합으로 최적화된

문학가이자 사상가, 예술가 그리고

교육자이자 철학자였던

톨스토이(Leo Tolstoy)는

'어떻게 살 것인가?'라는

작품에 많은 고민의 흔적과 답을 남겼습니다.

그의 고민은 평생 '삶과 죽음'에 대한 문제의 성찰이었습니다.

톨스토이는 자신의 작품에 답을 남겨 두었습니다.

그가 남긴 삶의 해답은 바로 '성장'이었습니다.

성장이란?

인간이 끊임없는 성찰과 학습을 통해 자기완성에

도달되는 과정을 말합니다.

성장은 나로부터 시작됩니다.

내가 나 자신을 알고,

나 자신을 이해하고,

나 자신과 훌륭한 관계를 맺으면서

더 나은 최선의 나를 만들어 가는 것이

'성장'입니다.

'행복한 가족 대화법'의 시작은

'성장하고자 함'에 있습니다.

세상의 모든 부모와 자녀가 함께 성장하는 삶이

행복한 가족의 성공하는 삶입니다.

톨스토이가 말하는 성장이란?

자신과 세계와의 관계를 올바르게 정립하는 과정입니다.

성장은 목표가 아니라 과정을 의미합니다.

스스로 변화하고 성장하는 과정 자체가

시간 흐름의 이해입니다.

받아들이고 수용하고 인정한다는 뜻을 의미합니다.

> '우리에게 기쁨을 주는 것은 진리 그 자체가 아니라
>
> 진리에 도달하기 위하여 우리가 기울이는 노력이다.'
>
> — 톨스토이(『인생의 길』 중에서)

자녀를 키우는 것도 함께 '성장하는 삶'입니다.

자녀와 나의 관계,

나와 세계와의 관계입니다.

자녀와 '함께 걷는 인생'은

책임감으로 나와 자녀와 함께 성장을 향하여 가는 것입니다.

당신은 자녀에게 가장 중요한

'사랑'으로 무장된 부모인가요?

그 사랑의 깊이는,

자녀에게 행복한 미래를 만들어 줄 수 있는 사람은,

세상에서 유일한 부모이며 의무이며 해결해야 하는 몫이니까요!

'함께 걷는 인생'의 동반자인 자녀들!

이 세상에서,

함께 사는 동안 내내 정말로 행복해야 합니다.

어른인 부모가 먼저 기쁨으로 삶을 채우십시오.

그동안 나의 자녀와 동행했던 삶의 시간과 여정들이 스쳐 갑니다.

미래의 남은 시간을 또 열심히 좋은 부모로 함께 성장을 하며

기쁨, 감사, 사랑으로 가득 채워야겠습니다.

'자식만은 꼭 성공시키고 싶다'는 생각은

이 세상 모든 부모의 마음입니다.

부모가 인생에서 도달하고자 하는 최종 목표는 무엇입니까?

'자녀의 성공'입니다.

이 책은

'행복한 가족 대화법'과 '자녀와 관계가 좋아지는 화법'으로

자녀가 갖추어야 할 다섯 가지의 사람됨의 가치 편과

부모의 갖추어야 할 자녀의 자존감을 최고로 높여 주는

5C법칙 편으로 구성되어 있습니다.

사람됨의 가치를 알아야 합니다.
높은 자존감은 세상의 어떤 어려움도 막아 내는
힘의 방패가 되어 주는 무기입니다.

특히 명확한 '비판적 사고의 중요성'을 강조했습니다.
이 모든 것은 우리 삶이 시작될 때부터 이 세상을 마감할 때까지
갖추어야 할 '올바른 삶'을 위한 지침서입니다.

행복한 가족 대화법을 위한 자녀와 관계가 좋아지는 화법은
자녀가 결혼해서 독립하여 사는 내내 필요한 요건입니다.

이 세상에서 모든 가정은
행복하게 살아가는 것이 목표가 되어야 합니다.
배우고, 인지하고, 지식을 축적하여 사람의 도리와 가치를 알면
자존감의 지수는 자연스럽게 상승하며,
옳고 그름의 분별력이 뚜렷해지며,
현명함과 지혜로 축복된 삶을 위하여 살아갈 수 있습니다.

제3장의 특별 부록은 정말 특별하며,

이 책을 쓰기로 결정한 이유입니다.

모든 가족 사랑의 근원이 되며,

우리 집의 자랑이자 행복의 보고처입니다.

문송란의 '행복한 가족의 대화의 비법'인

'굿나잇 행복 가족 톡 데이트 타임'을 공개합니다.

귀한 대화 시간에 우리 삶의 필요충분요건이

모두 들어 있습니다.

정말 강력하게 실행을 권유드립니다.

꼭 실행해 보십시오.

우리는 늘 '결정'을 내려야 합니다.

옳고 빠른 판단으로 '결단'하는 행위는 정말 중요합니다.

대성한 사람들은

세상에 있는 모든 것을 자기 자신에게 유리하도록

바꾸는 '습관'이 있습니다.

보이지 않는 수호신 같은 '거인의 실루엣'이

따라다니며 수호를 해 주는 것처럼 말입니다.

이 책 안에서

숨은 거인의 힘을 사용하는 능력을

활용해 보십시오.

진정으로 대성한 사람들과 그렇지 못한 일반 사람들과 차이는

바로 선택할 줄 아는 '결단'에 있습니다.

바르고 옳은 '결단'은

즉시 '실행력'을 뜻하기도 합니다.

내 안의 숨겨져 있는,

잠재력을 꺼내서 제대로 사용해 보십시오.

사람마다 지니고 있는 무한한 힘을 깨워 보십시오.

행복한 가족 대화법으로 자녀 교육에

'결단'을 내려 실행해 보십시오.

'사람의 가치와 자녀의 자존감'은

자녀가 올바르게, 흔들림 없는

행복한 삶을 살아가는 무기가 됩니다.

상위 0.001% 부자들이 주머니에 넣고 다니는
'결단을 높이는 방법'이 있습니다.
그들은 '본인이 결단한 내용'을 적어서
소중하게 지갑, 핸드폰에 가지고 다닙니다.

이 책에서 다루는 사람의 가치와
자녀의 높은 자존감을 올리는 비법 완성과
'자녀와 관계가 좋아지는 화법'을 위해
'실행'과 '결단'을 해 보십시오.

행복과 행운이 늘 당신 곁에 있도록 하는 지혜를 기억하십시오.

이 책의 하이라이트인 '행복한 가족 대화법 비법'과
'자녀와 관계가 좋아지는 화법'을 실천한다면
소중한 비밀무기가 되어
당신과 당신 자녀에게 특별한 행복을 선사할 것입니다.

이 비법 두 가지는
행복한 가족 대화 화법으로 최고의 방법이자
우리가 살아가는 데 필요한

명약 중의 명약인 '사랑의 달콤한 속삭임'으로

가족으로 하여금 평화가 가득해집니다.

더불어 형제들과 '행복 성장'을 위한

중요한 포인트가 될 것입니다.

사랑하는 공간에 서로가 주고받는 소중한 시간입니다.

'특별 부록'을 참고하여 실행해 보십시오.

가족과 함께하는 많은 행복이

별빛처럼 영롱하게 쏟아지는 행운과 만나게 됩니다.

망설임 없이 실행해 보십시오.

그리고

더 많이, 더 먼저, 가족 사랑에 빠져 보세요.

우리는 행복하기 위해서 태어났으니까요.

'행복한 가족 대화' 비법 두 가지(특별 부록)

1. 문송란의 '굿나잇 행복 가족 톡 데이트 타임'
2. 문송란의 '굿나잇 행복 자녀 톡 데이트 타임'

'부모는 자녀의 거울이며, 최고의 스승입니다.'
자녀 교육의 최종적인 정의는 한마디로 '사랑'입니다.

-Song

세상에서 제일 어려운 일이 자녀 교육입니다.

부모란 자녀들과 '함께 걷는 인생'의 파트너입니다.

함께 걷는 인생의 파트너로서

자녀와 함께 더 많은 기쁨을 찾으십시오.

그 기쁨과 행복을 맘껏 누리십시오.

사랑하는 자녀들에게 자주 해 줘야 하는

아름다운 말이 있습니다.

'잘 자라 줘서 고맙다.'

'나의 아들이어서 자랑스럽다.'

'나의 딸이어서 행복하구나!'

그리고 '사랑한다!'

자녀들의 행복 지수는 하늘까지 솟게 됩니다.

'끌어당김의 법칙'이죠.

부모가 마음을 바꾸면, 자녀의 마음도 바뀌게 됩니다.

부모의 마음이 천국이면 자녀의 마음도 천국입니다.

부모의 마음이 지옥이면 자녀의 마음도 지옥이 됩니다.

우리 모두는

행복하기 위해서 오늘 바로 여기에 있습니다.

행복한 가족 대화법의 시작은 가족의 '배려'입니다.

가족의 깊은 '관심과 사랑'입니다.

가족의 사랑한다는 '마음의 표현'입니다.

자녀의 삶의 방향을 잡아 주는 게 가능한 건

세상에서 단 한 사람 부모다.

자녀에게 최고의 훈육법은 혼내는 것이 아닌

이유와 원인을 쉽게 설명해 주는 것이다.

사랑과 지혜로 키운 자녀는

총명한 지혜가 자녀의 삶의 전부를 행복하게 만든다.

- Song

매일 사랑한다고 표현을 하십시오.

아침 굿모닝, 저녁 굿나잇 모두 스킨십으로

사랑한다는 말을 자녀에게 밥 먹듯이 꼭 매일 하십시오.

어떤 자녀가 되길 바라십니까?

미래에 어떤 부모로 자녀에게 기억되고 싶습니까?

다섯 가지 사람의 가치와

다섯 가지 자녀의 자존감을 올려주는 중요한 자녀 교육으로

귀한 보물인 자녀의 마음에 부모의 사랑을 선물하세요.

긍정적으로 삶을 받아들일 때 자녀의 미래는 밝습니다.

우주의 끌어당김의 법칙 속에서 자녀 사랑 에너지를 발견해 보십시오.

당신이 어디에 있든,

한국이든, 제주도이든, 호주든, 런던이든, 토론토든, 뉴욕이든,

우리는 모두 동일한 힘에 따라 움직입니다.

어느 날,

소프라노 오페라 가수가 길을 걷다가 어느 저택을 지나갔습니다.

가수는 저택 앞에서 큰소리로 노래를 불렀고,

순간, 저택 안에 있는 샹들리에가 깨지면서 바닥에 떨어졌습니다.

얼핏 들으면, 상황이 이해가 안 될 테지만,

순간 오페라 가수의 주파수와

샹들리에의 주파수가 일치했다는 우주의 이치입니다.

끌어당김의 법칙은

마음먹은 대로, 생각하는 대로

부모가 생각하는 대로 자녀의 성공이 이뤄지는

법칙을 의미합니다.

우주의 모든 법칙은,

부모가 어떤 생각을 하느냐에 따라서

그대로 이뤄집니다.

당신이 원하는 대로, 상상하는 대로

자녀가 성공하는 모습을 상상해 보십시오.

우주에서는 모든 소원을 이뤄지게 합니다.

이 책을 읽어 가는 당신은 이미 행복한 주파수에 최적화되었습
니다.

행복한 자녀와 '함께 걷는 인생'을 배우며

이미 주파수를 자녀에게 맞추고 있기 때문입니다.

부모의 관찰은 자녀에게 최고의 선물

자녀를 낳아 키우는 부모의 형태는 다양합니다.
A라는 워킹맘은 아무리 바빠도
24시간 정성을 담아 자녀를 키우는 좋은 부모입니다.

B라는 워킹맘은 자녀보다 본인 위주의 삶을 살아가며,
자녀를 거의 방목하며 키우는 부모입니다.

어떤 부모가 자녀를 잘 키울까요?
최고의 부모는 자녀를 대하는 마음 안에
변함없는 사랑을 가득 담아 양육을 합니다.
나보다도 자녀를 향하는 삶의 시간으로 정성으로 키웁니다.
자녀는 부모에게 오롯이 인정받고 싶어 합니다.
부모의 마음을 전부 읽을 수가 있다는 우주의 원리입니다.

부모가 자녀에게 평소에 무슨 말을 해 줘야 할까요?

부모는 성인이 된 자녀가 어릴 적에 부모가 해 준 말 중에서

어떤 말을 기억해 주면 좋겠습니까?

아무리 시대가 변하고 바뀌어도,

인간의 기본은 바뀌지 않습니다.

부모와 자녀의 관계는 피로 연계된 천륜입니다.

부모의 사랑은 최고의 힘이자 무기입니다.

기억하세요.

부모의 좋은 마음은 자녀에게 늘 힘과 행복의 에너지가 됩니다.

이 책에서 가장 전하고 싶은 말은

행복한 자녀와 가까워지는

'행복한 가족 대화법'의 비법 안에는

부모의 '관찰과 기다림의 올바른 태도'가 있다는 것입니다.

함께 걷는 인생

내 자녀가 무엇을 좋아하는지,

자녀가 무엇을 잘 모르는지,

자녀에게 무엇이 필요한지,

자녀가 어떤 옷의 색상을 좋아하는지,

자녀가 어릴 적부터 어떤 좋은 습관이 있는지,

자녀에게 고쳐야 할 나쁜 습관이 있는지,

자세하게 관찰을 하십시오.

그러고는 수정해야 할 부분은 바로 수정해 주십시오.

이것이 바로 '가정교육'입니다.

행복한 가족 대화법과 자녀와 관계가 좋아지는 화법으로

부모가 자녀에게 감정이입을 할 때는 언제나

부모의 마음과 행동이 한결같아야 합니다.

어른으로서, 좋은 감정과 나쁜 감정을 잘 구별해야 합니다.

자녀에게 부모의 감정을 현명하게 전달해야 합니다.

부모의 감정이 상황마다 다르면

자녀의 자존감 형성에도 절대 도움이 되지 않습니다.

행복한 대화법에서 기억해야 할 중요한 단서입니다.

나는 잘 준비된 부모일까?

아직 준비되지 않은 부모일까?

준비는 어떤 것을 어떻게 해야 할까?

차분하게 점검을 해 보십시오.

자녀가 좋은 어른으로 성장한 배경에는

반드시 좋은 부모가 있습니다.

좋은 부모가 되려면 부모도 좋은 환경으로 최적화되도록

노력을 해야 합니다.

부모가 질 좋은 그릇이면,

자녀의 그릇은 더욱 빛이 나기 때문입니다.

전달 방식 1

좋은 부모는 자녀에 대해 많이 알고 있습니다.

부모는 '관찰력'이 답이라는 것도 잘 압니다.

자녀가 가야 할 길을 알려 주는 '좋은 계획'은 중요한 역할을 합니다.

바른 인성을 위하여 매일 먹는 밥상머리 교육은 시대를 막론하고 중요합니다.

즉 매일 함께 식사하며 자녀에게 들려주는 '식탁 교육'은 평생을 좌우하는 중요한 '가정교육'입니다.

전달 방식 2

부모는 자녀에게 '삶의 본보기'가 되어야 합니다.

'언행일치', 언어와 행동은 자녀의 삶에 일치하여 터치하십시오.

실제로 정말 좋은 '삶의 모델'이 되어 줘야 합니다.

어릴 적 몸에 밴 습관은 자녀의 삶에 숨을 쉬는 공기처럼 평생 함께합니다.

전달 방식 3

자녀를 키우는 '가치 기준에 대해 세부적인 기획'을 하십시오.

부모의 가치관은 무엇인지?

자녀에게 무슨 가치를 원하는지?

자녀가 어떤 모습으로 자라야 하는지?

명확한 정체성으로 전달하십시오.

부모가 미치는 영향력은 자녀에게 가장 중요하기 때문입니다.

부모가 자녀에게 주는 사랑은 인생의 기본 뼈대를 단단하게 합니다.

부모는 단단한 삶을 살아가도록 기초공사의 토대가 되어 줍니다.

전달 방식 4

부모의 가치관이 자녀에게 균형 있는 삶에 무엇으로 작용될까?

부모인 자신의 가치관의 정체성이 확실해야 합니다.

자녀가 '가치관'을 세우는 습관을 터득하도록 도와주십시오.

부모 자신도 흔들림 없는 삶의 가치관으로

일관된 모습을 보여 줘야 합니다.

자녀에게 삶이란 '소중하고 행복을 위하여 가치를 두는 것'이라고

집안에서 가정교육으로 철저한 지도 편달을 해 주십시오.

자녀에게 내가 하고 싶은 말을 하는 부모보다

자녀가 듣고 싶은 말을 전하는 부모를 좋아합니다.

자녀의 반응과 행동에 답이 들어 있습니다.

자녀와 가까워지는 중요한 화법의 대화법입니다.

- Song

CONTENTS

제1장
행복한 가족 대화법 1

제1장

행복한 가족 대화법 1

자녀와 관계가 좋아지는 화법 1.

한결같은 사람의 가치(성실성)

자녀 교육의 성공은 기다림이다.

행운이나 명성은 일순간에 생기고 일순간에 사라진다.

부모 앞에 놓인 귀한 자녀를 성실하게 성공시켜라.

- Song

한결같은 마음의 가치는 가장 소중한 '마음가짐'입니다.

부모와 자녀는 새로운 인격체로 만나서

부모와 자녀라는 관계를 형성하며 살아갑니다.

자녀와 관계가 좋아지는 화법 1은

부모의 사랑이 담긴 '성실한 질문과 관심'입니다.

예를 들어, 자녀가 학교에서 일어난 일들을 집에 돌아와

부모에게 설명하고 있을 때를 상상해 보십시오.

이때 부모는 바쁘다는 핑계로 대답을 하는 둥 마는 둥

성의 없는 태도를 보여 자녀의 마음을 상하게 합니다.

이는 자녀와의 원활한 대화의 화법에서 어긋나는 행동이 됩니다.

소통의 기회를 놓치지 마십시오,

시간이 흐른 후 후회하는,

어리석은 일의 경험은 없어야 합니다.

만약 그때 부모가 상황이 여의치 않아 집중하지 못한다면

좋은 때에 다시 소통하자는 현명한 약속을 하십시오.

자녀의 마음에 조금이라도 상처가 되지 않도록

세심하게 보살펴야 합니다.

자녀와의 약속은 분명하게 잘 지켜야 합니다.

자녀가 바라보는 부모에게서 보여지는

성실한 약속 이행의 책임을 다하는 모습은

'자녀와 관계가 좋아지는 화법'에서 최고의 꽃입니다.

중요한 '성실한 가치'입니다.

부모의 약속을 지키는 체험과 경험은
자녀의 마음 깊숙한 곳에 부모에 대한 존경의 마음과
신뢰의 씨앗이 자라기 시작합니다.
그리고 자녀와 최고의 관계를 형성하게 됩니다.

지킬 수 없는 약속의 경우 부모는
차라리 자녀에게 이유를 솔직하게 표현하고
자녀가 상처를 받지 않도록 이해를 시키는 것이 현명합니다.

자녀가 바라보는 부모는
이 세상의 모든 것을 다 할 줄 아는
마술사 또는 '만물 해결 박사'이기 때문입니다.

어른이 되어서도 생각나는,
부모에 대한 신뢰도 점수는 최고의 마음이고
살아가면서 안정감을 주고 마음으로 의지하며 살아갑니다.

부모에게 여전히 의지하며 살아가는
내 모습을 무수히 발견합니다.
그만큼 자녀들에게 부모의 자리는

평생을 지켜주는 '나침반'입니다.

신뢰도를 어릴 때부터 쌓아 가야 합니다.

자녀와 부모 사이에 존중과 무한한 신뢰가 쌓여야 합니다.

오랜 시간 동안 변함없이 성실하게 쌓아 온

'가치 형성'이 이뤄지는 것입니다.

자녀를 인격체로 존중하고

그에 기반한 부모의 사랑과 노력이

자녀와 행복한 소통으로 이어진다는 것을 기억하십시오.

인간의 특권인 여러 가지 감정은

가정에서 자녀에게 영향을 줍니다.

수천 년이 지나도

우리 인간 사회에 요구되는 덕목은

도리, 예의, 효입니다.

소통은 행복에 꼭 필요한 기본 원리입니다.

자녀의 감정 노출 관리

자녀와 관계가 좋아지고자 한다면
자녀의 감정 노출에 대해
꾸준한 부모의 관심과 사랑이 필요합니다.
쉽게 싫증을 내지 않도록
'인내심의 중요성'을
설명하고 이해시켜 주세요.

예를 들어,
자녀의 마음이 상하여 자녀가 화를 내거나 짜증을 부릴 때,
또는 다 큰 자녀가 불만을 털어놓으며 흥분할 때,
부모의 긍정 교육은
자녀의 모든 성격 영역에 영향을 줍니다.

통계청 자료에 의하면,
청소년의 의견을 대변하는 모임이
긍정적으로 학교에 도움을 준다고 합니다.
아직 미숙한 청소년에게는
부모의 역할이 매우 중요하다는

증명의 자료이기도 합니다.

가정에서의 자녀 교육의 중요성이 강조되는 통계자료입니다.

처음부터 끝까지 마무리하는 '성실성'은
자녀가 자존감을 지킬 수 있도록 하는
큰 힘으로 작용합니다.
집중력과 인내심을 길러 주는 것은 곧 '책임감'입니다.
스스로 바른말을 하며 책임감도 함께한다는 의미가 됩니다.

성공한 사업가로 유명한 '워런 버핏'의 경우
정확한 원칙 아래 회사의 직원을 채용합니다.
회사 경영 원칙에서
'성실성'을 중요하게 생각하는
워런 버핏의 정체성이 파악됩니다.
많은 사람을 경영해 본 워런 버핏만의 경영의 비법은
'정직한 사람'입니다.

부모의 깊은 사랑을 먹고 자란 자녀가 좋은 성인이 됩니다.
어릴 때 익힌 좋은 습관은 삶의 방향을 옳게 합니다.

이처럼 '자녀와 관계가 좋아지는 화법'은
'한결같은 마음'이 주요 포인트입니다.
부모의 감정과 자녀의 감정의 아름다운 조화이며,
부모의 체계적인 계획을 위한
변함없는 사랑의 교육입니다.

부모의 변함없는 성실함과
자녀의 긍정적인 감정의 가치를 키워 주는
부모의 역할이 중요하다는 것을 강조합니다.

자녀와 관계가 좋아지는 화법 2.

이로운 사람의 가치(기여)

사랑의 치료법은 더욱 사랑하는 것밖에는 없다.

-H.D.도로우, 『일기』

공자의 『논어』 속에 인간관계 명언이 담겨 있습니다.

현명한 처세술은 살아가는 데 좋은 길잡이가 되며,

인생의 방향과 삶의 본질에 처세, 지혜, 인간관계 등

훌륭한 사상으로 많은 사람에게 이로운 사람의 가치를 남겨 두

어 인격 있는 리더로 성공에 대한 가르침을 배우게 합니다.

상대를 존중하고 본받아라.

현명한 사람이라면

마치 바다가 강물을 받아들이는 것처럼

넓은 도량과 개방적인 마음으로
다른 이의 좋은 점과 높은 지혜를 배우고자 노력합니다.

좋은 사람이든,
좋지 않은 사람이든,
모두 당신에게 도움이 될 수 있습니다.
다른 사람을 존중하고 타인의 장점을 인정하면
상대도 나를 인정합니다.

이로운 사람의 가치가 되려면 의로움을 따르면 됩니다.
'군자는 의리에 밝고, 소인은 이익에 밝다'고 공자가 말했습니다.
똑똑한 사람과 정의로운 사람이
군자를 친구로 가까이에 두는 것은
이익을 쫓지 않고 배신을 하지 않기 때문입니다.

자녀에게 좋은 경험은
어릴 적부터 '신앙 생활'이 많은 도움을 줍니다.
우리가 살아가면서 이로운 사람이 되어야 하는 가치는
사랑의 가치를 알아야 하는 것과 같은 이치입니다.

'사랑은 주는 것이지, 받는 것이 아닙니다.'
자녀에게 단체 활동 하며 봉사하는 마음을 경험하게 해 주십시오.
이것은 사람에게 '이로운 가치'를 배우게 됩니다.

나로 인하여 남에게 해를 주면 안 된다는 것을 알게 합니다.
나로 인하여 이로움을 주는 사람이
가치 있는 삶을 사는 의미 있는 사람입니다.

종교의 힘은, 대단히 큰 은혜를 받습니다.
세상의 사람들을 위한 이로운 사람이 되는 가치는
곧 봉사하는 삶입니다.

많은 것을 배우고 느끼게 하고,
이로운 사람으로 키우는 것을 목표로 둡니다.
무신론자, 유신론자 상관없이 이로운 사람의 가치는
자녀와 관계가 좋아지는 화법으로 도움이 되기에 충분합니다.

세상을 돌아보는 봉사 활동은 가치를 배우게 합니다.
내가 가지고 있는 능력을 이바지하며 살아가도록 훈육합니다.

만약 내가 만화가라고 했을 때

좋은 이야기를 만들고 사람들에게 좋은 영화를 만들어서

도움을 주는 것도 기여라고 말합니다.

기여하는 많은 일은, 좋은 일로 연결되고,

더 큰 사람으로 성장하여 성공과 이어지게 됩니다.

내가 잘하는 재능으로 사회에 공헌하는 것이 바로 기여입니다.

저는 화가입니다.

좋은 경험이 기억납니다.

해외에 있을 때 공공 기관에서 주관하는

좋은 프로젝트를 하게 되었습니다.

기여의 기회를 얻은 셈이죠.

작가들과 함께 국가에서 하는 좋은 프로젝트로,

아픈 어린이들이 좋아하는 캐릭터를 그려

병동 천정에 걸어 주었습니다.

작고 여린 아픈 어린이들이 무척 많이 행복해 했습니다.

사회에서 환영받는 일을 하는,

이것이 바로 '기여의 가치'가 됩니다.

사회의 구성원이 되어 함께 도움이 되는 역할이면 충분합니다.

자녀가 많은 경험을 하는 그것만으로 충분히 잘 성장합니다.

스스로 깨닫게 하고,

책임감을 느끼도록 하면 좋은 교육이 됩니다.

파트너십의 기여의 가치

당신은 기여란 어떤 가치가 있다고 생각하는가?

다른 사람의 성공을 위하여 기여한 적이 있는가?

기여란 시간에 세상을 바꾸는 시간이 될 수 있을까?

우리의 미래는 '기여의 가치'에 달려 있다고 생각하는가?

혼자가 아닌 함께하는 성공으로 가는 기여의 가치는?

사람은 언제나, 어디서나, 누구든 성장할 수 있으며

기여의 가치를 만들 수 있는가?

서로의 성장을 응원하는 파트너십도 기여의 가치로 아는가?

함께 공유하며

함께 성공을 이뤄 내는 기여의 가치는 최고입니다.

성공하고 싶어서 노력하고 힘쓰고 있는 것도 '기여'입니다.

마이크로소프트사의 이야기입니다.

"마이크로소프트사의 직원들은 구글과 경쟁하는 것이 아니라 동료들과 경쟁한다."

"마이크로소프트사는 똑똑한 엔지니어들만 넘쳐나는 어설픈 기업이다."

이렇게 비꼬는 듯한 외부에서 사람들의 조롱대는 말들이 들립니다.

그러나 회사에서는 아무 신경도 쓰지 않습니다.

회사의 파트너십의 원칙을 그대로 이행하고 있기 때문입니다.

마이크로소프트사의 직원 평가 질문 두 가지

1. 질문 하나, 자세의 가치 평가하기

Q. 당신은 성장 마인드 셋으로 일을 했나요?

Q. 당신은 고정 마인드 셋으로 일을 했나요?

2. 질문 둘, 영향력(IMPACT)의 가치

Q. 당신이 이룬 개인의 성과는?

Q. 당신이 다른 사람의 노력을 바탕으로 만든 성과는?

Q. 당신은 다른 사람의 성공에 어떤 기여를 했나요?

위 두 질문은 마이크로소프트 사내의
직원들의 모든 분위기에
대혁신과 변화를 준 질문입니다.

지금 시대는 혼자서 하는 기여보다
협력하며 융합으로 파트너십의 가치 기여가 대세입니다.

마이크로소프트 회사의 평가 가치의
획기적인 두 가지의 질문은,
자신을 성장 마인드 셋으로 무장하여
누구에게든 선한 영향력을 주는
'기여의 가치'가 중요하다는 결론으로
사내의 최고로 멋진 '평가 방법'이었습니다.

이 시대의 어려운 삶에 동기부여가 작용되는
커다란 힘을 주는 질문입니다.

지금까지 살아오면서

당신은 다른 사람의 성공에 얼마나 어떻게 기여했습니까?

이 위대한 질문은 대혁신을 알리는,

나만의 성장뿐 아니라 내 가족, 내 자녀, 동료, 주변 사람들과 함

께 성장하는 시너지를 내게 하는 멋진 질문입니다.

홀로 성장하는 시대는 이미 끝이 났습니다.

치열한 경쟁 속에서 혼자만의 성공이 아닌

파트너십과 더불어 함께 융합하는

조직원까지 성공의 길에 함께 기여하는

'넛지의 개념'이 참으로 기여하는 가치입니다.

자녀에게 이런 가치의 장착은

정말 소중한 가치의 기준입니다.

세계의 좋은 회사들의 기업 정신은 무엇입니까?

함께하는 기여의 가치가

파트너십 개념으로 가는 이유가 무엇입니까?

곳곳의 기업체들의 이런 신호는 곧 '협업의 시대'를 알립니다.

함께 가야 하는 시대입니다.

공감하고 다른 사람을 지지해 주고 파트너십만이 성공하는 시대입니다.

협력과 파트너십 & 기여의 가치 창조

아시아 전역에 흩어져 있는 마이크로소프트사의 팀원들의 가치 평가를 맡았던

마이크로소프트사의 간부의 눈에

유독 두드러지게 눈에 띄는 팀원이 있었습니다.

1년간 직원에게 실행해야 하는 미션을 주었는데,

직원 자신이 직접 작성한 연간 '스스로의 자기평가 지표'는 A4 용지로 무려 5장 분량이었습니다.

그동안 자신이 일한 모든 내용을,

자세하게 꼼꼼히 적어 내려온 것입니다.

그런데 그 많은 내용을 살펴본 상사는 무척 실망했습니다.

처음부터 끝까지, 오로지

자신 혼자만 일을 열심히 했다는 내용이었습니다.

평상시 회사에서 가장 중요시 했던 것은,

'다른 사람의 성공에 스스로 무엇을 어떻게 기여하셨습니까?'였

는데 그 직원의 스스로 평가지에는 파트너십의 질문에 대한 실행

결과가 아무것도 보이지 않았습니다.

당연히 그 직원은 낮은 평가 점수를 받았으며

1년 동안 열심히 일했지만 아무 보상도 받지 못하게 됩니다.

오래된 습관으로 자신만을 위한 평가서에만 집중한 결과였습

니다.

기여와 가치를 하기 위한 태도

1. 상대가 무엇이 필요한지 묻고 질문을 해야 한다.

2. 상대방이 무엇이 필요한지를 알아야 함께 답을 찾을 수 있다.

3. 내가 어떤 도움을 줄 수 있는지 묻고 알아낸다.

4. 자연스럽게 대화하면서 파트너십을 이뤄 간다.

5. 묻고, 질문하고, 파트너십을 깨닫고, 능동적인 협력의 답을

   찾아간다.

위의 사실을 깨달은 마이크로소프트 회사는

경쟁하지 않고 모든 직원들과 함께 협력하는 파트너십 문화로

혁신적인 제품과 서비스를 쏟아 내며

폭풍 성장을 하고 있습니다.

파트너십이란?

비즈니스상에서 상호 이익을 높이기 위하여 협력하는 것이다.

우리 주변 둘러싼 모든 관계는 파트너십을 기초로 하고 있습니다.

우리의 가족, 친구, 동료, 모든 관계에서 파트너십이 중요합니다.

일터, 일터 밖, 개인 간의 친밀한 관계에서도

서로의 성장을 응원하는

파트너십이 매우 중요한 시대입니다.

파트너십의 기여의 가치 창출의 방법

지금 인맥은 옛날 인맥하고는 성향도 크기도 다릅니다.

1980년대와 지금은 너무 많이 달라져 있습니다.

지금은 페이스북, 릴스, 틱톡, 인스타, 유튜브, 블로그 등에서

글로벌 팔로워들을 만날 수 있습니다.

지금은 얼마든지 인터넷으로 활발하게 활동도 할 수가 있습니다.

기여의 가치를 발휘하기에는 여러 방법이 있습니다.

파트너십 기여의 가치

A라는 아이돌 그룹의 자매 연습생이 있었습니다.

매일 최선을 다하여 노력을 했지만,

다른 아이돌 그룹과의 경쟁에서 결국 이기지 못했습니다.

성공하기에는 너무 힘든 경쟁 사회였습니다.

이때 이들은 좌절하는 대신, 다른 파트너를 만들기 시작했습니다.

'글로벌 소셜미디어 틱톡'을 활용하여 글로벌 유저들을

파트너로 만들었습니다.

노래를 만들고, 틱톡의 플랫폼 각색에 온 정성을 쏟았습니다.

드디어 두 자매는 성공을 이루게 됩니다.

지금은 570만의 팔로워를 가지고 있으며,

스타트업으로 비즈니스를 활발하게 하고 있습니다.

지금은 인터넷 세상이 대세입니다.

혼자 가는 세상이 아니라

나 그리고 내 주변, 동료 인터넷의 파트너십으로

기여의 가치를 찾는 세상입니다.

개인들의 개성에 맞추어 선한 영향력에 빌트를 하는 세상입니다.

이 시대에 뛰어난 파트너십이 왜 필요할까요?

빌 게이츠와 스티브 잡스

그들의 성공 핵심은

최고의 '성장 파트너십'을 만들었다는 것입니다.

빌 게이츠는,

최고의 성장 파트너로 폴 앨런을 만나

최고의 파트너십으로

마이크로소프트를 창업했습니다.

스티브 잡스는,

스티브 워즈니악의 뛰어난 엔지니어로

좋은 파트너십을 만들어

애플을 창업하여 성공했습니다.

이 두 사람을 살펴보면,

사람들의 삶의 질을 높이는 데 집착을 한

두 사람이 사회에 기여한 가치는 뛰어난 파트너십으로

성공할 수 있다는 것이 얼마나 중요한지 깨닫게 됩니다.

AI까지 쉼 없이 발전하는 세상에서 혼자서 감당하기에는

지금의 흐름의 시대에 발전하는 파급력이 대단한 속도입니다.

그래서 파트너십과 함께 가야 합니다.

성공적인 파트너십의 기여의 7가지 스텝

-브라이언 트레쉬

1. 명확성

모든 문제는 명료함의 부재에서 옵니다.

무슨 일이 있어도 버텨라,

노트에 하루 일을 적어라,

쉬지 말고 오래동안 꾸준히 하라,

그럼 성공합니다.

2. 능력

능력별로 일을 분류합니다.

10% 안에 들어가는 능력 하나를 선택합니다.

성공하는 사람의 특징은

일반인보다 4시간을 더 투자한다는 겁니다.

3. 집중력

하나의 일을 완전히 끝날 때까지 전념하는 능력입니다.

하나의 일에 레이저처럼 집중을 해야 성공합니다.

4. 제약

목표 달성에 방해되는 제약의 요소를 찾으세요.

5. 지속적인 학습과 개발

새로운 것을 계속해서 배워야 하는 요즘,

자신의 분야를 매일 60에서 90분 동안 공부하세요.

워런 버핏은 매일 책을 500페이지 읽거나 8시간 동안 독서를 합니다.

그는 항상 무언가를 읽고 있습니다.

읽고 읽고 또 읽으세요.

새로운 아이디어로 나만의 학습법을 개발하십시오.

6. 헌신

헌신하지 않는다면 성공은 없습니다.

인간에게는 무한한 능력이 있고, 한계도 없습니다.

7. 용기

시작하는 용기와 끈기입니다.

절대로 포기하지 않는다.

내 사전에는 포기란 없다, 라는 마음이 중요합니다.

흔들리지 않는 끈기를 개발합니다.

내가 그만두지 않으면

그 누구도 나를 그만두게 할 수 없게 하세요.

내가 포기만 안 하면

그 누구도 나의 성공을 막을 수 없게 만드세요.

위의 7가지의 성공적인 파트너십은

개인의 기여와 파트너십의 기여의 가치를

상호 보완해 주는 효과를 얻을 수 있습니다.

사람은

성장 마인드 셋으로 무장되어 있습니다.

언제, 어디서나, 누구나 성장할 수 있습니다.

가족, 동료, 후배, 상사, 사회에 기여할 꼭 필요한 파트너를 찾는

것입니다.

자녀가 필요한 파트너십을 찾는 것이 정말 중요한 일입니다.

성장 마인드 셋으로,

기여의 가치를 창조할 수 있도록 자녀가 노력해야 합니다.

다른 사람에게 묻고, 질문을 하여 기여하는 기회를 꼭 찾으세요.

좋은 파트너십을 찾아 도울 수 있는 기여의 가치를 찾아내고,

자녀 스스로가 기여할 수 있는 성장 마인드 셋을 장착하게 하십

시오.

자녀가 나만을 위한 삶이 아니고

공동체를 위한, 가족을 위한,

나아가 국가를 위한 가치에 기여를 하도록
파트너십의 중요성을 인식하도록 하십시오.
자녀에게 정말 필요한 파트너십의 대상을
찾는 방법도 제안해 줍니다.

당신의 자녀가 다른 사람의 성공에 기여를 하려면
어떤 방법이 있을까요?

답은 아주 가까이에서 찾으십시오.
가장 먼저 나에게 성장 마인드 셋을 합니다.
내 주변에서 가족에게 제일 먼저 질문하여
답을 찾도록 질문을 합니다.
나의 일과 파트너십 일 두 가지를 성실하게 이루도록 노력합니다.

자녀와 관계가 좋아지는 화법 3.

진정성이 있는 사람의 가치(진실성)

> 부모는 조바심 내지 않고 참고 기다려 준다.
>
> 자녀가 원하는 곳에 다다를 때까지!
>
> - Song

진정성의 대표로 '조선 시대 자녀 교육'입니다.

서원은 조선 시대 교육기관입니다.

현재 서원에는 나라의 보물들이 보관되어 있습니다.

삼국의 천 년 역사를 관통하는 옥산서 원본『삼국사기』와

문화 예술의 책『해동명적』이 있습니다.

이 두 책에는 공통적으로

최고의 예의를 갖추어 서편을 보내는

선비의 모습이 담겨져 있습니다.

어릴 적 받은 자녀 교육의 참모습을 볼 수가 있습니다.

과연 대단한 선조들이 갖추고 있는 진정성입니다.

또 빌린 책을 제때에 돌려주지 못하여 애를 쓰고 여러 방법을 연구하여 정중하고 안전하게 제자리로 책을 돌려주는 선비들의 진정성도 가히 본받아야 합니다.

진정성이란, 행동과 말이 옳으며 진심이 담겨 있다.

- Song

우리는 살면서 많은 단계를 거칩니다.

많은 사람을 만나며 살아가기도 합니다.

진정성이란 정직함과 같습니다.

세상을 바르게 보는 눈과

나를 바로 보는 눈을 키우십시오.

지혜로우며 똑똑한 가치관을 가진 자녀는

모든 부모의 희망입니다.

부모가 사랑으로 잘 키운 자녀는,

소중한 영양제의 역할을 합니다.

성공할 때까지 인내심으로 참고 기다려 주는 것입니다.

두 자녀를 키우면서

많은 시간을 믿음 속에서 기다려 주었습니다.

자녀를 키우는 부모들에게 '기다림의 인내'는 필수입니다.

농부가 일 년 내내 정성으로 농작물을 키우는 것과 같은 마음으로 말이죠.

우리 자녀를 키우는 것은 '100년의 농사'라고 하는 속담도 있지 않은가요.

자녀들이 앞으로 살아가면서,

많은 만남과 관계를 형성해야 합니다.

상대에 따라 다르지만,

내 앞에 있는 사람의 진정성을 어떻게 과연 알아볼 수 있을까요?

진정성 있는 사람인지를 알아보는 다섯 가지

1. 죄책감을 잘 느끼는 성향인가?

〈실험〉

미국 시카고 대학교 부스 비즈니스 스쿨(Booth MBA) 연구진에서 사람의 진정성이 어디서 오는지 살펴보는 실험을 진행했습니다.

실험 결과, 죄책감을 잘 느끼는 사람이 그렇지 않은 사람에 비하여 진정성이 있는 사람일 가능성이 높다는 결론에 이르렀다고 합니다.

죄책감이란?

동기부여를 도와 진심으로 행동하게 하게 만들고

책임감 있는 행동을 하도록 도와 준다고 합니다.

죄책감은 상대가 진실하다는 표시일 수는 있지만

항상 그런 것은 아닙니다.

죄책감 자체가 아니라 '죄책감을 느끼는 성향'이

진정성을 보여 주는 지표로 더 의미가 있다는 것입니다.

죄책감을 잘 느끼는 성향인 사람은 나쁜 행동을 하려고 할 때

죄책감이 들 것이라는 예상이 나쁜 행동을 막아 준다는 것입니다.

나쁜 쪽으로 가려는 마음을 올바른 길로 가도록

도와준다는 뜻을 의미합니다.

그래서,

진정성 있는 사람을 알아보는 기준은

죄책감을 잘 느끼는 성향을 봅니다.

예측은 할 수 있지만, 100%의 결론은 아닙니다.

책임감이 있는지, 다시 일어나 올바른 길로 가는지,

계속 살펴보아야 합니다.

오히려 부정적이고, 과민한 경우도 있기 때문입니다.

이런 사람은 진정성과 거리가 먼 사람입니다.

착하기만 한 사람은

뭔가 함께하면 마무리가 되지 않은 사람으로

신뢰가 쌓이기 힘든 사람입니다.

신뢰가 쌓이도록 많은 경험을 하고

시간을 두고 그 사람에 대해 경험을 쌓다 보면,

이 사람을 신뢰를 해야 할지에 대한 답이 보입니다.

신뢰는 행동으로 보여집니다.

행동을 하지 않고 주저앉아 자책만 하는 사람은 발전이 없습니다.

진정성이 결여된 사람으로 판단을 해야 합니다.

죄책감을 잘 느끼는 성향은 상대가 진실하다는 것을 알 수 있습니다.

성실하고 차분한 사람은 자신의 행동에 대해 책임감을 느낍니다.

그래서 죄책감은 곧 책임감으로 연결됩니다.

옳은 일의 방향으로 생각을 하기 때문에 좋은 성향은 분명하다
는 것입니다.

만약 실수를 하더라도 진심으로 사과를 할 줄 압니다.

예를 들면,

일반적으로 우리가 흔히 하는 약속을 지키지 못했을 때,

미안한 마음을 느끼는 것입니다.

미안한 마음도 곧 죄책감으로 연결됩니다.

죄책감은 내가 나의 행동에 대한 결과를 잘 알고 있다는 뜻이기
도 합니다.

상대방의 감정에도 관심이 있다는 표시이기도 합니다.

2. 말과 감정, 행동에 일관된 일치성

사람의 마음이 행동할 때 진심의 진의를 알 수 있습니다.

말과 행동 안에서 그 사람의 마음이 보여 짐작을 하기 때문입니다.

진심이라면 말과 감정이 일치하는 단어를 사용합니다.

도덕성과 가치를 담아 행동을 합니다.

여기에서,

진정성과 진실성을 혼동하지 마세요.

진정성이란?

옳고 그름보다는

자신이 밖으로 사용하는 말과 감정들이 얼마나 일치하느냐입니다.

한마디로 겉과 속이 같다는 뜻입니다.

'언행일치'를 말하는 것이지요.

진정성이 있는 사람은

정성을 다하는 특성이 보이는 사람입니다.

말을 할 때도 그렇습니다.

말을 들을 때도 그렇습니다.

행동을 할 때도 그렇습니다.

정성을 다해서 진정성 있게 행동을 하는 것입니다.

상대의 입장을 이해하고 배려하는 마음을 담아 행동함을 뜻합니다.

진정성은 곧 '관심'입니다.

진정성은 최선을 다하는 '성실성'이기도 합니다.

3. 진정성이 없는 사람의 반응(마음먹은 대로 되지 않을 때)

갑자기 생각하지도 않았는데

상황이 일어나는 경우를 만났을 때입니다.

사람들은 여러 면에서 불성실하게 행동을 할 수가 있습니다.

본인이 원하는 목표가 있다면,

그것을 얻기 위하여 거짓말을 할 수도 있습니다.

수단과 방법을 사용하여

교묘한 말로 진실을 숨기기도 합니다.

자신의 감정이나 생각하고 있는 속마음을 숨기기 위한

태도를 취하기도 합니다.

진정성이 없는 두 개의 마음으로 대하는 경우도 있으니 주의해

야 합니다.

4. 진정성이 있는 사람의 반응(일이 뜻대로 이뤄질 때)

스스로 반성하고 자신이 옳지 않음을 인정합니다.

열린 마음으로 처신하고

최선으로 노력하는 모습을 보입니다.

나의 실수에 대한 행동을 수정하고 스스로 책임집니다.

남을 비난하거나 원망하지 않으며 탓하지 않습니다.

자신의 잘못을 인정하고 사과합니다.

일이 잘못되었을 때 화를 내지 않고 좌절하지 않는 성향입니다.

문제 해결책을 모색하고 최대한의 해결 방법을 찾는

'성실성'이 있습니다.

책임감을 갖고 잘못된 것에 대해 사과를 합니다.

5. 진정성이 결여된 경우(일이 뜻대로 안 되었을 때)

실수에 대한 변명이 심합니다.

공격적인 행동으로 불만을 표현합니다.

무책임하며 화를 많이 냅니다.

상대를 원망하고 남 탓을 많이 합니다.

자신이 옳다는 주장으로 일관하고

사과할 줄도 모릅니다.

문제 해결책을 찾지 않고 상대에게 원망만 합니다.

많은 사람들이 원하는 진정성 있는 사람이란?

말과 행동이 일치하고(언행일치)

마지막까지 신뢰를 저버리지 않으며,

어떠한 경우에도 마지막까지 신뢰성을 잃지 않은 사람입니다.

신뢰성의 중요성은 자녀의 삶의 전부입니다.

진정성의 뿌리가 잘 내린 자녀는

정체성의 뿌리와도 연계가 됩니다.

우리는 자녀가 신뢰받는 좋은 사람으로 잘 자라길 바랍니다.

자녀와 관계가 좋아지는 화법 4.

도움이 되는 사람의 가치(배려)

나만의 육아법으로 올바르게 자녀를 키우면

중요한 본질을 잃지 않고 자녀를 바르게 키운다.

부모의 삶은 자녀에게 맑고 깨끗한 유리창이다.

- Song

도움이 되는 사람의 가치는

'끌어당김의 법칙'이 적용됩니다.

마음먹는 대로 되는 것을 말합니다.

생각하는 대로 됩니다.

배려는 마음 안에 착한 마음을 갖게 합니다.

나만 아는 이기적인 마음은 나를 망칩니다.

사람의 가치는 곧 '배려의 마음'입니다.

우리는 각각의 개체이지만

세상을 함께 살아가는 구성원입니다.

늘 타인과 함께 살아가는 것을 염두에 두어야 합니다.

어릴 적부터 남을 배려하는 마음을 중요하게 생각합니다.

우리는 타인과 관계를 소중하게 관리하며 살아가야 합니다.

자녀들이 타인을 배려하고 도움을 주는 사람이 되게 합니다.

삶의 기본 이론에서 실행해야 하는 가치관을 심어 줍니다.

가장 좋은 자녀 교육의 장소는 집 안에서

함께 자란 형제들을 서로에게 배려하게 합니다.

형과 아우의 사이에도 배려하는 마음은 정말 중요합니다.

배려하는 마음의 가치는 삶의 모든 부분에서 필요합니다.

형제나 자매를 키우는 가정에서도 꼭 해야 할 일이 있습니다.

서로에게 도움을 주는 형제라는 인식을 심어 줘야 합니다.

이로운 형제로 서로에게 도움을 주는 것이 어떤 의미인지 알려 줍니다.

　사랑은 주는 것이라고 인식하게 합니다.

　사랑은 받는 것이 아니다는 생각을 하게 해 주고

　사랑을 무조건 주게 합니다.

　헌신적인 사랑은 가정교육에서 이뤄집니다.

　현대사회는 부모들의 훈육 방식에 많은 변화가 있습니다.

　옳은 가치를 훈육 목표로 자녀를 올바르게 키웁니다.

　어진 사람을 보면 그와 닮고 싶은 생각이 들도록 가르칩시오.

　나의 롤 모델을 함께 논의해 보십시오.

　　　　　　　　　　　　　　　　　인생은,

　　　　　　　　　목표를 이루는 과정이 아니라,

　　　　　　그 자체가 소중한 여행일지이니

　　　　　　　　서투른 자녀 교육보다

　　　　　과정 자체를 소중하게 생각할 수 있는

　　　　　　훈육을 시키는 것이 더욱 중요하다.

　　　　　　　　　　　　　　　　　-키르케고르

꾸준한 가치 훈육은 최고의 대가를 받는다는 것을 알려 줍니다.

좋은 가치를 지속해서 체득한 자녀는 삶의 지혜가 가득하고
옳은 가치관이 잘 형성된 자녀는 미래가 희망적입니다.

가치를 분명히 아는 자녀는,
도움이 되는 사람으로 사회에 기여하고,
그 가치가 빛납니다.
사회생활에서 좋은 가치를 갖는다는 것은 정말 중요합니다.
잘 자란 자녀의 평생을 빛나게 하는 버팀목이 됩니다.
늘 긍정적이면서 감사하는 자녀로 키웁니다.
사랑이 넘치는 아이로 키웁니다.

이런 자녀는 행복한 가족 대화법으로
서로 사랑하며 잘 살아갑니다.
올바른 삶을 성공으로 이끌기 때문입니다.

자녀와 관계가 좋아지는 화법 5.

책임감이 있는 사람의 가치(신용)

　형제들에게 책임감을 배울 수 있는 공동 일을 한 가지씩 책임을
줍니다.

　특히 어린 자녀에게 더 진중한 책임감을 주어

　전체 가족을 아우르게 하십시오.

　마음과 생각이 성숙해지는 좋은 결과물을 얻는 가치입니다.

　겸손하게 받아들이면서 상대에게 배려하는 마음은 곧

　자신을 성숙하게 만드는 일입니다.

　내가 책임을 져야 할 일은 반드시 책임을 지고

　신용을 지키게 합니다.

　자녀에게 명확하고 분명하게 알려 줍니다.

　자녀 자신이 해야 할 일은 스스로 해결을 하도록

마음을 여유있게 해 주는 것이 좋습니다.

어릴 적 배운 가치와 긍정적인 마음 자세는 성인이 된 자녀에게

평생 동안 귀한 큰 선물이 됩니다.

어떤 어려움이 와도 절망하지 않으며

꿋꿋하게 나아가게 됩니다.

고난을 이겨 낸 후 회복의 탄력성이 빨리 일어나게 합니다.

태어나서부터 죽기까지

'나에게 오는 삶에 대한 책임감의 가치'로

삶에 책임을 지도록 합니다.

"오늘 일어나는 모든 일은 나를 위함입니다."

'일단 시작해라, 나중에 완벽해지면 된다.'

'꿈을 꾸기에 인생은 빛난다.'

- 롬 무어

내가 져야 할 책임감은 스스로 똑똑한 자녀로 키워 냅니다.

학교 다닐 때 학비를 스스로 해결하도록 책임을 주십시오.

좋은 경험으로 자녀를 단단하게 하는 방법이 됩니다.

특히 요즘에 자라는 아이들은

고등학교 때부터 스스로 학비를 마련하는 자세로

아르바이트 하는 것을 당연하게 생각하는 시대입니다.

이런 과정이 스스로 독립하는 것을 준비시키는,

자녀의 독립심을 기르게 하는 중요한 과정입니다.

단단한 독립심과 사회성을 경험하게 하고

지혜를 배우게 하십시오.

스스로 학비를 마련하는 자세는

많은 것을 경험하게 되는 강점이 됩니다.

실보다는 득이 많습니다.

좋은 가정교육은 평생 자녀에게 올바른 삶에 지표가 됩니다.

자녀 스스로가 흔들리지 않게 해 줍니다.

자녀 혼자서 자신의 배의 노를 저으면서

씩씩하게 나아가게 합니다.

한결같은 사람의 가치(성실성: Sincerity)

이로운 사람의 가치(이바지하다: Contribute)

진정성이 있는 사람의 가치(신뢰성: Reliability)

도움이 되는 사람의 가치(배려: Consideration)

책임감이 있는 사람의 가치(믿음: Belive, Trust)

아이의 감정을 다룰 때

부모가 화를 참는 것도 훈육입니다.

아이의 감정을 읽어 주는 것도 사랑의 훈육입니다.

아이의 화난 상태를 알아주는 것도 좋은 훈육입니다.

부모가 아이의 화를 조건 없이 수용하는 것도

좋은 가치가 되는 훈육입니다.

부모 자신의 가치도 자녀에게 잘 보여 줘야 합니다.

부모의 책임감도 하나의 중요한 조건입니다.

자녀에게 세상의 어떠한 스승보다 가정 안의 부모가

최고의 스승이기 때문입니다.

세상에서 가장 영향력이 큰 스승이 바로 부모입니다.

부모의 경험은 곧 책임감입니다.

부모도 최선으로 노력하여 자녀와 함께 성장해야 합니다.

'마음 교육'은 자녀의 가치를 승화시킵니다.

자라는 자녀에게 성장 단계에 맞춰서 잘 도와줍니다.

'자녀 사랑의 조건'

부모가 주는 모든 것은
자녀에게 특별한 '사랑의 조건'입니다.
자녀에게 긍정적인 마음을 선물해 주십시오.
험한 세상 물 흐르듯한 유연함도 사랑의 조건입니다.

이 세상은 어떠한 상황에서든
좋은 것과 나쁜 것이 공존한다는 것도 알려 줍니다.

특히 기여의 가치와 책임감은
자녀의 내적 동기에 큰 원동력이 됩니다.
한 번 기여를 경험하는 자녀는,
다음 단계도 예측 가능합니다.
한 차원 더 높은 내적 동기를 만들게 되는 기회가 됩니다.

기여의 가치는,
책임감이 있는 사람으로서의 가치입니다.
곧, 그 사람을 믿는 신용과
책임감으로서의 의미가 큽니다.

행복한 가족 대화법으로,

자녀와 관계가 좋아지는 화법 다섯 가지의 기본을 토대로 한다

면 부모와 자녀는 행복한 삶으로 풍요로운 인생이 될 것입니다.

그러므로 최고의 자녀 훈육법은,

혼내는 것이 아니라 자녀의 눈높이에서

이해를 시키는 것이라는 것이 매우 중요하다.

오늘부터라도,

자녀에게 '사랑한다는 말' 한마디부터 시작해 보라.

-Song

제2장

행복한 가족 대화법 2
(자존감을 살리는 자녀 교육 5C 법칙)

자존감을 살리는 자녀 교육 5C 법칙 1.

비판적 사고와 자존감(Critical thinking)

자녀의 자존감의 중요성

자녀 교육의 핵심은

지식보다도 자존감을 높여 주는 것입니다.

자녀 교육의 핵심은

자녀의 마음을 알아주면 자존감이 올라갑니다.

자녀 교육의 핵심은

AI에게 없는 감정을 성장시켜 자존감을 높여 줍니다.

자녀 교육의 핵심은

관찰력으로 살핀 자녀의 잠재된 재능을 찾아 줍니다.

자녀 교육의 핵심은

정서적 안정과 부모가 욕심을 부리지 않습니다.

레프 톨스토이는,

자존감을 높이라고 강조했고,

해리 트루먼은, 아이의 마음을 읽어 내어

원하는 꿈에 대해 조언했으며,

장 자크 루소는, 감성이 풍부한 따뜻한

인간으로 키우라고 조언했습니다.

자신감은 창에,

자존심은 방패에,

자존감은 육신에 비유할 수 있습니다.

자신감을 잃으면 금방 무너지고 맙니다.

지신감은, 도전을 하고 싶어 하는 마음입니다.

그러나 단순히 자신감만 차 있다면

빈약한 육신을 가진 자로 내실 없는 창을

허공에 휘두르는 것과 같다는 뜻입니다.

자존심에 상처를 받으면 금방 무너지고 맙니다.

자존심은 모욕과 불의를 지키려는

나만의 무기이니까요.

그러나 단순히 자존심만 센 것은

허약한 유산을 가진 자로

방패 뒤에서 나오지 못하고 소리만 지르는

허세에 찌든 자일 뿐입니다.

올바른 자신감과 자존심은 자존감에서 나온다.

자존감은 자신감과 자존심의 기반이기 때문이다.

- Song

자신감을 잃지 않고 자신을 잘 재정비할 줄 아는 자는

높은 자존감의 소유자입니다.

자존감은 영, 유아기부터 만들어진다는 것을 기억하세요.

자녀의 좋은 자존감 형성은, 부모와 상호작용을 통해

애착 관계에서 완성이 됩니다.

자존감이 형성되는 일련의 과정이

부모와 연관되어 자녀의 삶에 영향을 주고

중요한 삶의 무기가 된다는 것을 기억하십시오.

부모는 자녀가 훌륭하게 잘 자라길 바라는 마음뿐이다.

부모는 자녀의 거울이고 부모는 자녀의 롤 모델이다.

부모의 노력은, 자녀의 성장에 가장 큰 영향을 주는 열쇠이다.

- Song

어린 자녀의 자존감 살리기 사례 4가지

1. 지혜 수학의 관점

자녀가 세면대 수도꼭지를 잠그는 것을 잊어버려

물이 계속 흐르는 장면을 발견했을 때

왜 넌 항상 세면대 물을 잠그는 것을 잊어버리니?

왜 자꾸 덜렁대니?

도대체 누구를 닮아서 자꾸 까먹는 거니?

이렇게 비난의 대화를 주고받게 되는 자녀는

자존감의 가치가 땅바닥으로 곤두박질치는 결과가 됩니다.

부모는 말을 전달할 때

자녀에게 자신의 감정 표현을 주의해야 합니다.

자존감을 잘 살려 주는 부모의 비밀 무기는

아이에게 차분하게 조근조근 설명과

이유를 알려 주고 올바른 정보를 줘야 합니다.

물이 넘치면 문제가 생기니

수도꼭지를 잠가야 하는 이유와

절약과 절수의 이유를 잘 설명해 줍니다.

2. 건강 과학의 관점

냉장고에서 주스병을 꺼내 마신 후

남은 주스병을 그대로 밖에 두었습니다.

왜 냉장고에 바로 넣어야 하는지,

과학적인 근거로 설명을 해 줘야 합니다.

우유가 상하게 되면 상한 우유로 인하여

인체에 해롭고 몸이 아플 수 있는 과학적 근거를

이유와 함께 설명을 통해 지혜를 알려 줍니다.

집에서 요리를 할 때 기름을 사용한 후

뚜껑을 닫지 않고 병 위에 살짝 올려놓았습니다.

꼭 닫아야 할 이유를 과학과 연관시켜

친절하게 설명할 필요가 있습니다.

공기가 기름병 안에 들어가면

기름과 닿아서 산화가 되는 이유에 대한 정보를 주고,

공기와 기름의 관계를 설명해 주면 됩니다.

이해가 되고 지혜도 배울 수 있어서

1석 2조의 효과와 자존감까지 살려 줍니다.

이것이 바로 '부모와 자녀의 관계가 좋아지고

자존감을 살려 주는 화법'입니다.

3. 좋은 인성과 지혜의 관점

자녀가 운동하러 다녀온 후

현관에 신발 한 짝이 아빠 신발을 올라타고 있는

현장을 발견했다면,

자녀에게 자신의 신발의 모양을 확인시켜 주면서

신발 정리하는 법을 설명해 줍니다.

현관의 입구의 청결과 깨끗하고 반듯한 정리법은,

'복이 들어온다는 생활 속의 지혜'로 연결하여

설명 후 자녀가 왜 신발을 정리해야 하는지

이유와 근거를 들어 이해시켜 줍니다.

자녀에게 생활 속에서의 경험은 좋은 경험이 되고
또 다른 문제 발생 시 처리하는 방법에 융통성이 생기면서
주변의 무생물도 정성으로 관리하는 법을 알려 주고,
나에게 돌아오는, 행복하고 좋은 기운을 느끼게
해 주는 것이라고 설명을 합니다.

4. 통찰력, 지혜의 관점

성인이 된 자녀의 '통찰력과 지혜'는
삶의 방향을 잡아 주고
통찰력으로 전체를 살피는 것을 상기시켜 주십시오.

처음으로 자동차를 구입한 자녀의 태도는
새로 산 자동차에 필요한 어떤 것도
아무것도 할 줄 모르는 상태입니다.
자동차는 이미 지저분해졌고,
차 내부 바닥은 모래와 먼지투성이가 되었습니다.

먼저 세차하는 법,
외부 차를 닦는 수건과 장갑 등 도구 준비해 두기

일주일에 1번, 실내 청소하기 등

전체의 필요하고 해야 할 것을 파악하여

처리하는 방법까지 읽어 내는

통찰력이 필요하니 알려 주십시오.

실행력의 결단도 매우 중요하고 필요합니다.

가장 중요한 포인트는,

이 자동차가 우주라고 생각하며 통찰력을 키워 주세요.

비단 작은 공간의 자동차뿐만 아닙니다.

새로운 일에 대한 통찰력과

분석하고 해결하는 실행력을 알아야 합니다.

스스로 잘해 낼 때 자존감을 살려 주는 교육입니다.

자녀의 자존감을 높여 주는 영원한 무기

자녀가 학교에서 시험을 보고 서로 대화를 합니다.

시험을 망쳤다는 대화 속에 제각기 다른 반응을 하는 자녀들,

자존감의 부재인 아이의 반응은,

'나는 원래 공부 잘 못해.'

'나는 공부를 해도 잘 안 돼, 난 원래 공부를 못하나 봐.'

시험 점수에 아무 동요가 없는 아이가 있는 반면,

자존감이 이미 잘 자란 아이의 반응은,

'다음에 시험 다시 잘 보면 돼, 이번이 끝이 아니야.'

'나는 할 수 있어'라며 상반된 반응을 보입니다.

자존감이 있는 아이와

자존감이 없는 아이의 대화 내용을 살펴보면

분명한 차이가 납니다.

얼마나 많은 차이가 나겠는가,

평생의 시간 속에 간격은,

미래를 생각하면, 하늘과 땅의 차이가 나는 현상입니다.

자존감의 부재 현실은 너무도 크다는 사실을

부모가 자녀에 대해서 인지해야 합니다.

두 자녀가 자존감을 가지고 있든, 가지지 못했든

자존감으로 자녀의 미래는 전혀 다르게 펼쳐지고 있습니다.

아무도 모르는 사이에 말입니다.

미래의 시간이 한참 지난 후에야 결과가 나타납니다.

부모로부터 성장하는 자존감

초등학교 나이에 형성된 자존감은

평생 가는 '영원한 무기'입니다.

부모가 자존감을 키워 주는 시기는

초등학교 시간이 가장 좋은 골든 타임입니다.

이때 형성된 자존감은 평생을 갑니다.

자존감이 높은 자녀는

늘 긍정적인 자세로 자신을 바라볼 줄 압니다.

공부가 조금 부진해도 기가 죽지 않고,

자신이 공부를 잘한다고 생각을 해도

태도는 안정된 상태입니다.

좋은 자존감으로 행복하고 단단한 마음을 지닌 상태입니다.

쉽게 무너지지 않은 아이를 말합니다.

마음 챙김의 자세가 준비된 자녀를 뜻합니다.

빛나는 주인공

삶에서 '영원한 무기'인 자존감은
행복하고 단단한 마음가짐입니다.
자녀의 자존감 형성 시기에 중요한 것은,
자녀가 '빛나는 주인공'이라는 것입니다.

자녀의 자존감은
학교, 학원 등 아무 곳에서도 도움을 줄 수가 없습니다.
자존감 형성에 가장 중요한 곳은
가정에서의 부모가 유일하기 때문입니다.

자존감을 사랑의 무기로 키워 주는 비법

1. 경청입니다
자신이 하고픈 말을 마음을 열고 편안하게 말하도록 들어 줍니다.

2. 의견을 존중해 줍니다
말을 다 듣고 질문합니다.

마음을 존중해 줍니다.

3. 관찰을 세밀하게 합니다

실수를 하더라도 혼을 내지 말고

걱정하며 위로의 말을 해 줍니다.

4. 칭찬을 해 줍니다

근거와 이유가 있는 설명을 해 주고 후에 칭찬해 줍니다.

5. 긍정의 말만 합니다

반복을 해도 기분이 좋습니다. 부정의 말을 하지 마세요.

6. 눈높이에 맞는 질문을 자주 많이 해 줍니다.

자녀의 심리 상태 관찰하기

자녀는 생존하기 위하여

부모에게 의지하며 애착 행동을 합니다.

부모가 지속적으로 거절하거나 귀찮아 하면

자녀는 실망하여 더 이상 부모에게 다가가지 않습니다.

겉으로 보기에는 독립적인 아이로 자라는 듯하지만,

그건 허구의 독립일 뿐입니다.

아이는 뒤늦게라도 그 결핍을 채우고 싶어 합니다.

이렇게 치유되지 않은 상처받은 마음은

성인이 되었음에도 부모나 친구, 남편 아내 곁에 붙어서

사랑과 관심을 여전히 갈구합니다.

마음속에, 어릴 때처럼 외로워지는 것보다 지금의 현실이 낫다
는 무의식적인 생각이 남았기 때문입니다.

위의 내용처럼 홀로 선다는 것이 쉽지 않으며

두렵기도 하여 용기를 낼 수 없음도 잘 압니다.

혹시라도 자신의 결핍을 눈치챘다고 해도 신경 쓰지 마십시오.

그래야 홀로 서서 강한 사람으로 자신 있는 사람이 되기 때문입
니다.

결론은,

자존감이 높은 사람은,

나를 인정할 줄 알고 나라는 존재 자체를 귀하게 생각합니다.

밀림의 사자는 다른 동물들의 인정을 받고자 노력하지 않습니다.

당당하고 자신감 있는 모습을 잘 유지하기 때문입니다.

가장 중요한 삶의 인간관계 원리 원칙은

스스로 독립적인 인간형으로 되도록 하는 것입니다.

남에게 인정받으려 하지 마십시오.

세상에서 나를 조건 없이

끝없는 사랑을 주는 사람은 '부모'뿐입니다.

부모의 무한 사랑 속에 자존감을 살리고 있는

자녀를 그대로 인정하십시오.

그리고 스스로 당당하라,

스스로 자신감 있게 행동하라,

스스로 혼자의 시간을 즐겨라, 하며 믿어 주십시오.

"나는 너를 믿어."

자존감이 잘 형성되도록 환경 설정을 합니다.

부모의 배려와 사랑으로 환경 여건이 중요합니다.

물론 이 중에서 가장 중요한 것은 '부모의 역할'입니다.

"나는 너를 믿어" 이 짧은 문장 속에는

부모의 무한대의 거대한 힘이 작용하여 올바르게 자녀를 성공
시킵니다.

물리적인 결과 또한 어마어마한 마력으로 폭풍 성장을 하게 합
니다.

자녀에게 바판적 사고의 능력을 키워 주는 것은

부모가 주는 큰 사랑의 선물입니다.

그래서 '자녀와 가까워지는 대화'의 시간이 많이 필요합니다.

자녀의 마음 안에 자리한 자존감은

자녀의 전체의 삶을 이끌어 주는 최고의 마술사 같은

지혜의 도구가 되어 줍니다.

또한,

자존감 형성이 단단하게 된 자녀의 마음은

좋은 조언도 잘 받아들입니다.

마음도 안정되어 독립심도 강해집니다.

'자녀와의 행복한 대화법의 하나의 좋은 방법입니다.'

자녀는,

믿어 주면 믿어 준 만큼 자신의 가치를 깨닫고 안정감을 얻습니다.

부모가 항상 자녀를 믿고 모든 일을 바라보며

침묵으로 기다려 준다면

당신은 이미 자녀 교육과 자녀와 행복한 대화 속에

삶을 윤택하게 살아가고 있습니다.

자녀에게 하는 좋은 질문은, 스스로 결정하는 결단력과

비판적 사고의 확장된 판단력의 원동력으로 작용합니다.

자녀의 자존감을 높이는 부모의 행동수칙 다섯 가지

1. 부모는 자녀가 말을 하면 끝까지 경청해 줍니다.

엉뚱한 소리를 하더라도 말을 자르지 말고

기다리며 경청해 줍니다.

2. 사람들 앞에서 무안을 주지 마십시오.

아무리 어린 자녀이지만,

자존감의 소유자로서 입장이 있습니다.

특히 형제 자매들 앞에서 큰 자녀를 혼내지 마십시오.

자존감이 추락하여 자신감을 잃어버릴 수 있습니다.

3. 어떤 일을 할 때 부모는 답답해도 스스로 하도록 기다려 주세요.

스스로 문제 해결 능력을 발휘했을 때 자존감은 올라갑니다.

남의 탓을 하지 않는 책임감도 생깁니다.

그리고 자존감의 키가 쑤욱 자랍니다.

4. 결과 중심으로 생각하지 말고,

여기까지 오는 과정을 중요하게 생각하십시오.

5. 부모는, 칭찬을 부풀리지 말고

사실에 맞는 칭찬을 하십시오.

사실이 아닌 오버하는 칭찬은, 오히려 자녀가 속으로 의심을
합니다.

신뢰성과 자존감이 떨어지는 결과를 초래합니다.

자녀 교육에 중요한 존중의 말 3가지

인정의 말
긍정의 말
다정의 말

자존감은 삶의 무기

첫째,

자기 존중감을 살려 주면 자녀의 자존감은 따스한 햇살을

머금은 영롱한 아침 꽃처럼 활짝 가슴까지

행복하고 밝게 웃는 삶이 되게 합니다.

둘째,

인생을 살다 보면 순간순간 결정의 시간이 옵니다.

그리고 문제 해결의 방법에 대한 스스로 결단력이 필요합니다.

순간의 선택이 평생을 좌우한다는 말도 있지 않은가!

비판적 사고는 순간에 비장한 무기로 작용하는 평생의 벗이 됩

니다.

셋째,

안전된 자존감이 잘 자란 자녀는 매 순간 삶을 사는 동안에
자신의 생각과 행동에도 많은 영향을 줍니다.
다양하고 원활한 인간관계에 지대한 좋은 영향을 줍니다.

자존감 낮은 사람의 열두 가지 특징

1. 다른 사람에 대해 뒷담화를 한다.
2. 항상 사과하고 '미안해'를 달고 산다.
3. 자신의 결정을 못 믿고 다른 사람들에게 계속 확인한다.
4. 모든 문제는 다른 사람을 탓하고, 문제 해결도 다른 사람이
   해 주기를 바란다.
5. 거절을 못해서 더 호구가 된다.
6. 남들에게 평가받는 것에 대해서 걱정한다.
7. 완벽주의 성향이 있으며 긴장을 자주 하는 편이다.
8. 사소한 것으로 툭하면 운다.
9. 티 내지는 않지만, 자주 삐진다.
10. 주변으로부터 인정받고 싶은 욕구가 강하다.
11. 불안한 감정을 느낄 때가 많다.

12. 스스로 자책하고 후회를 많이 한다.

이런 성향을 가지고 있는 사람이 있는지 주변을 잘 살피십시오.
분별하는 눈이 생기며, 판단할 수 있는 통찰력이 생깁니다.
"아는 것이 힘이다"라고 말한 베이컨의 명언처럼 알아야 합니다.

자존감이 높은 사람의 특징 다섯 가지

1. 뒷담화를 할 상대에게 이미 자기 의견을 피력했으니 누구 뒷
   담화를 할 이유가 없다.
2. 항상 "고마워"라고 말하고 상대의 장점을 파악한 후 칭찬을
   할 줄 안다.
3. 이미 결정된 자기 일들을 주로 이야기한다.
4. 자기 주변에게 아쉬운 부탁을 하지 않고 피해 받지도 않게 한다.
5. 싫은 건 돌려 말하지 않고, 그냥 싫어서 못한다고 말한다.

위의 다섯 가지는 자녀들에게 판단력을 갖게 하고,
건강한 인간관계를 만들게 하며 즐겁게 삶을 살아가도록 합니다.
인간관계에 매달리지 않도록 하십시오.

혼자서도 얼마든지 시간을 아름답게 꾸려 가도록 하세요.

자녀의 자존감을 높여 주는 대화의 기술

자존감이 높은 부모는 타인의 평가에 흔들리지 않습니다.
스스로 평가도 할 수 있어야 합니다.
기능적인 가족일수록 자녀들의 자기 분화 수준이 높습니다.
자존감도 높게 나타납니다.

자존감이 높은 사람은 생각을 심플하게 합니다.
자신의 실수에 대한 것을 심플하게 생각하고
진취적인 생각을 합니다.
그다음을 위하여 발전해 나가려는 모습이
'자존감이 높은 사람의 태도'입니다.

김연아 선수 한마디 명언

아주 힘든 시기에 김연아 선수에게

한 기자가 인터뷰한 내용이 유명해졌습니다.

"힘들 때 무슨 생각을 하느냐"고 묻는 기자에게

김연아는 "생각은 무슨 생각이냐, 그냥 하는 거다"라고 답합니다.

이처럼 그냥 내 할 일 하면서

잡다한 다른 생각을 키우지 않는다는 것만으로

내 인생의 질과 자존감이 올라가는 적절한 '대답'입니다.

> 자존감이란 자신에 대한 부정적 혹은 긍정적 평가이며,
>
> 자신을 가치 있게 생각하는 정도를 말한다.
>
> - 모리스 로젠버그

자기 분화 수준을 높이기 위한 3가지

1. 감정 조절에 대해 배운다

나의 감정을 이성적으로 거리를 두고 바라보는 능력을 기르는 것입니다.

2. 공감을 할 줄 알아야 한다

제대로 된 공감을 했을 때 타인과 다름을 알 수 있습니다.

3. 인간관계를 확장한다

주변 사람들로부터 지지를 받는 것이 중요합니다.

자기 분화는 지성과 감성을 구분하는 능력에 해당한다.

- 머레이 보헨

자기 개념이란, 나에 대한 이미지를 통틀어 하는 말이다.

-심리학자 제니퍼 캠벨

자존감을 살리는 100세 시대 인생 나침반

1. 건강 0순위 챙기기
2. 경제 안정은 필수
3. 노후 준비는 기본

100세 시대를 위한 사전 준비 방법

부모는 라이프 준비를 마무리하는 단계이고,

자녀는 라이프 준비를 해야 할 단계입니다.

1. 자신만의 철학을 가지고 정체성을 갖게 합니다.

2. 자존감의 정확한 생각은 타인에게 인정 경험도 중요합니다.

3. 자존감에 타인이 긍정하는 근거도 필요하기 때문입니다.

4. 자존감이란 내가 나를 생각하는 개념입니다.

5. 자존감이 높은 사람은 어떠한 환경에서도 흥분하지 않습니다. 특별히 감정의 변화가 없습니다.

6. 실패, 성공, 위기 상황에서도 특별한 변화의 차이가 없습니다.

7. 100세 시대를 대비하고자 자녀 스스로 준비를 미리 시킵니다. 내 자녀가 스스로 마음 편하게 살아가도록 자신을 조절하도록 합니다.

100세 시대 실행 목록 – 자신 보호 편

1. 최대한 빠른 나이에 100세 시대의 노후를 위한 연금 가입하기
 - 국민연금, 개인연금, 퇴직 연금 3개의 연금가입
 - 건강 관리 리스크 중대 보험 미리 가입하기

2. 인적 자본 투자 준비

- 퇴직 후 60대에 해야 할 나만의 잘하는 일을 미리 연습해 두고

- 퇴직 후에 즐겁게 살아갈 수 있도록 미리 노후 준비해 두기

3. 자산 관리 원칙 공부

- 가계 자산 구조조정 공부

- 저축을 잘 관리하여 100세 노후를 즐겁게 살도록 준비합니다.

- 자녀가 행복하게 살아가도록 자산 관리법을 공부하도록 합

  니다.

자존감을 살리는 자녀 교육 5C, 자존감 편

1. 비판적 사고와 자존감(Critical thinking)

문송란의 tip

1. 독서를 많이 하게 합니다
 – 판단력, 통찰력 강화하기

2. 자신의 글을 쓰게 합니다
 – 생각하는 방법 배우기: 삶의 전투를 이기기 위한 준비 과정

- 가장 강력한 무기: 사고와 판단의 능력을 키웁니다.
- 명료하게 말하기: 방탄조끼를 사용하는 것과 같습니다.

3. 자신이 어떤 사람인지 판단과 정확히 알게 합니다.
- 자기방어법

왜?

우리의 자녀는 비판적 사고에 집중을 해야 할까요?

결론은,

비판적 사고를 하지 못했을 때 벌어지는 실수가

중요한 시기에 결정적으로 큰일을 망칠 수가 있습니다.

정확한 비판적 사고로 정확한 판단을 하게 합니다.

비판적 사고는 삶에 있어서 최고의 무기입니다.

성공하는 사람들의 공통적인 특징을 보면,

비판적 사고와 파트너십으로 무장된

최고의 선택을 잘합니다.

인생은 최고의 무기를 사용할 줄 아는 자존감 소유자가

질 높은 결단을 잘합니다.

우리가 원하는 비판적 사고란?

의사결정을 해야 할 어떤 문제에 직면했을 때

자신의 감정이나 선입견에 사로잡히지 않고,

합리적이고, 논리적으로 결론을 이끌어 내는 사고 과정을 말합
니다.

감정, 편견, 권위에 사로잡히지 않고,

어떤 것을 객관적으로 분석한 후에 결론을 내리는 것입니다.

곧, 문제 해결 능력을 키워 주는 것이 핵심입니다.

뭘 알고 있는 것보다 뭘 할 줄 아는지가 중요합니다.

비판적 사고하는 것을 많은 사람들은 어려워합니다.

자신과 관련해서 일어난 많은 일에 결단을 해야 하는

중요한 순간으로 매우 중요한 결단이 필요합니다.

삶의 지혜에 바로 직결되는 중요한 것이 비판적 사고입니다.

즉 융통성으로 연결되고 여러 각도에서 사고한 후 판단을 하여

분석한 후 결단을 하는 것이 비판적 사고입니다.

비판적 사고 대표 두 인물 – 옛 성인

조선 시대 세종대왕을 보필했던 황희와 맹사성입니다.
세종대왕은 평생 동안 건강이 좋지 않았습니다.
유능한 인재를 두어 곁에서 정사를 보도록 했습니다.
늘 보필하도록 한 두 인물입니다.

황희는 우의정, 좌의정, 영의정 부사까지 맡았지만,
회의 석상에서 먼저 입을 여는 법이 없었습니다.
다른 사람들이 모두 말을 마치면 종합적인 판단만을 했습니다.
신중하게 종합적 비판적 사고를 한 후
내린 결론을 가지고 많은 사람들에게 좋은 의견을 제시했습니다.

그러니 하급자들의 불만이 전혀 없었습니다.
문제 파악을 한 후 두루두루 의견들을 종합하여 결론을 내렸습니다.
특별히 문제가 발생하거나 아랫 사람들의 불평이 없었습니다.
세종대왕의 사려 깊고 좋은 신하를 채용하는 능력은
세종대왕의 비판적 사고의 능력이며
오랫동안 신뢰한, 최고의 충신이었습니다.

또 다른 예로,

황희가 집에서 독서를 하던 중에 여종들이 싸움을 했습니다.

한 여종이 와서 자신이 옳다고 하자 황희는 "네 말이 옳다"고 했습니다.

그러자 싸웠던 상대 여종이 와서 또 고하자

역시 "네 말이 옳다" 했습니다.

옆에서 듣고 있던 황희 조카가 왜 주관도 없이

모두에게 "네 말이 옳다"라고 하느냐고 따지자

조카에게까지도 "네 말이 옳다"고 했다는

황희의 비판적 사고는 최고의 예입니다.

황희의 비판적 사고의 깊이를 볼 수 있는 아주 좋은 예입니다.

여러 입장에서 문제를 바라보고 올바른 결정을 내리는

최고의 비판적 사고를 하여 종합적으로 골고루 편견 없이

내린 좋은 비판적 사고의 신중함의 예입니다.

이번에는 고려 말의 문신 맹사성 이야기입니다.

그의 아버지 맹희도는 고려 공민왕 때 벼슬을 한

고려의 장수 최영 장군의 손녀 사위였습니다.

절친은 조선 개국을 반대하다 죽임을 당한 정몽주이고요.

처조부인 최영 장군 역시 이성계의 조선 건국을 반대해 죽임을 당했죠.

이성계가 고려를 멸망시킨 후 조선을 세웠을 때

명문 귀족의 후예인 맹사성은 크게 고민합니다.

절개를 꺾고 이성계 밑에서 벼슬을 하는 것이 옳은 사고인가?

아니면, 정몽주처럼 절개를 지켜야 하는가?

너무나 많은 갈등을 했습니다.

그러나 '왕은 바뀌어도 백성은 바뀌지 않는다'라는 결론을 내리고, 그는 백성을 위해 살기로 결정을 합니다.

'왕조는 바뀌어도 백성은 바뀌지 않는다.'

이 멋진 명언을 남기고 말이죠.

이토록 두 사람의 옳은 비판적 사고는,

관직 수행 능력과 청렴, 근검, 도덕, 경효, 인의 등의 덕목을 겸비한 조선 시대의 이상적인 관료로 뛰어난 업무 능력과 귀한 인품으로 조선에서 가장 오랜 기간 동안 좌의정을 지낸 충신으로 역사

속에 영원히 남아 있습니다.

황희와 맹사성은 무조건 맹종하거나 대세에 휩쓸리지 않았습니다.

그들의 옳은 선택의 이유는 여러 가지 관점에서 사안을 보고 많은 정보를 접한 후 이를 바탕으로 종합적인 판단을 했기 때문입니다.

지금 시대는 조선 시대와 다르지만,
늘 변치 않는 진리가 있습니다.
인간관계 안에 존재하는 도리와 예의는 변함없는 진리입니다.
지금 시대는 혼돈의 시대이기에,
더욱 비판적 사고가 필요한 시대입니다.

고정관념과 편견을 없애는 것이 좋은 비판적 사고이며,
정확한 판단을 하는 데 많은 도움이 됩니다.
비판적 사고는 초등학교 시간까지 적정 시기의 골든 타임입니다.
놓치지 말고 잘 적용해 보십시오.

자녀에게 비판적 사고 발달을 위하여 노력하는 부모가 최고의 부모입니다.

자세히 보아야 더 이쁘다 한 시가 떠오릅니다.

모두에게 합리적이고 논리적인 결과를 도출해 내기 위해서는

비판적 사고는 정확하고 신중함이 곧 태도가 되어야 한다는 것
입니다.

비판적 사고를 키우는 다섯 가지 팁

1. 독서의 중요성을 강조합니다. 책을 많이 읽어야 합니다.

비판적 사고는 중요한 순간에 결단을 정확하게 내려야 합니다.

하루에도 수천 가지의 일들을 맞이하면서 사고를 하며 살아갑
니다.

그렇지만 모든 일에 비판적 사고를 할 필요는 없습니다.

비판적 사고는 때에 따라 필요한 부분에 적절히 사용하면 됩니다.

예를 들어 매일 마시는 티나 커피는 비판적 사고가 필요 없습니다.

그냥 타서 먹으면 되는 단순한 일입니다.

그런데 새로 집을 산다고 계획하면,

여러 각도로 많은 부분에 대해서 비판적 사고가 필요하다는 것
입니다.

이런 경우 비판적 사고로 좋은 결단을 분별 있게 해야 하는 것입니다.

2. 비판적 사고는 기분이 편안한 아침 새벽 시간에

중요한 의사결정을 하십시오.

하루 종일 작고 큰 의사결정을 하는 데

소비하는 에너지로 지치기 때문입니다.

특히 저녁에는 지치고 힘들기 때문인 이유도 됩니다.

잘못된 결정을 할 수 있는 지친 저녁은 피해야 합니다.

3. 한걸음 물러나서 생각합니다.

빠른 판단으로 결정을 하는 사람은 진정한 '비판적 사고'를

하지 않을 가능성이 큽니다.

이럴 때는, 비판적 사고에 가장 중요한 사고인 '반성적 사고'를

적용하세요.

한 발자국 뒤로 물러서서 논쟁이나 문제를 더 오랫동안 관찰하는 것입니다

한 연구에서,

결정을 10초 뒤로 미룬 후에 결정했을 때 판단력의 정확도가

더 높아졌답니다.

이것은 10초 뒤에 결정하는 것이 문제가 아니라

충분히 생각할 시간이 필요하다는 것을 증명하는 좋은 비법입니다.

4. 연습을 통해 성장하는 비판적 사고는 발전시킬 수 있습니다.

직감을 통해 무엇을 해야 하는지 알 수 있듯이 말입니다.

문제는 과거 경험의 집착과 직감은 편향되어 있다는 것을 알아야 합니다.

직감의 오류를 피하고 싶으면 연습으로 비판을 해 보십시오.

그럼 직감과 대안이 떠오릅니다.

비판적 사고를 통해 객관적인 선택 사고를 할 수 있다는 것입니다.

5. 감정을 내려놓고, 비판적 사고를 연습하기 좋은 것은 '토론'입니다

감정을 내려놓아야 객관적인 사고를 잘할 수 있기 때문입니다.

너무 많은 것을 읽으면서 너무 적게 생각하는 사람은
게으른 사고 습관 속에 함몰될 것이다.

- 아인슈타인

학교의 교육 현황입니다.

요즘 수능과 내신의 현주소에 대해 얼마나 알고 있는가요?

지식 암기에 치중된 우리의 학교 교육입니다.

수능이 내 생각과 내 논리를 키울 수 있는 기회가 많아지면 좋겠습니다.

초, 중, 고 교육도 '비판적 사고'를 기르는 데 중점을 두면 좋겠습니다.

4차 산업혁명에 필요한 지식과 정보는

구글, 네이버, 챗GPT, 8월 이후 출현되는

우리나라 강력 검색 AI 하이퍼클로버X의 출현을 모두 기대하고 있습니다.

기존에 했던 기억하는 교육보다 지금은 비판적 사고, 창의적 사고를 중요시하는 현재 교육으로 이뤄져야 합니다.

분명한 것은, 기억하는 교육과 창의성 교육 둘 다 실행으로

균형이 맞는 교육의 커리큘럼이 필요합니다.

요즘 시대의 학교는 미래와 교육의 판이 바뀌고 있습니다.

기억을 해야 하는 중요성이 점차 흐려지는 시대입니다.

이런 현상은 AI 인공지능의 출현으로 상상을

할 수가 없는 미래입니다.

미국의 인지 심리학자이자 『왜 학생들이 학교를 좋아하지 않을

까?』 저자 데니얼 T. 윌링햄은 말합니다.

"인간은 호기심이 많지만, 생각하는 재주는 뛰어나지 못하다.

사람들이 자주 생각하지 않는 까닭은, 뇌는 생각하는 용도로

설계되지 않았고 오히려 생각하는 수고를 덜어 주도록 만들어

져 있기 때문이다.

따라서, 인간에게 생각하는 정신 활동은 어렵고,

속도도 느리고, 믿을 만한 작업도 아니며,

적절한 인지적 조건이 뒷받침되어야 한다.

그런데도, 인간이 하루하루를 무사하게 보낼 수 있고,

수백 가지 결정을 내리게 되는데, 주로 기억에

의존하여 살아가기 때문이다."

자주 부딪히는 문제는 언젠가 풀어 본 문제이므로

예전 방식처럼 다시 풀면 된다, 라고 생각한다고 합니다.

즉 기억은 일상에서 필수적인 능력입니다.

기억 능력이 낮을수록 삶은 고통스럽습니다.

흔한 예로, 요즘 많이 나타나는 슬픔의 병,

'치매'를 생각해 보면 곧 이해가 됩니다.

기억력은 우리 인간에게 최고의 삶의 열쇠입니다.

AI 인공지능 & 인간관계

인간관계의 핵심은 매력입니다.

특히 매력을 느끼는 것은 AI에게 없는

우리 인간에게만 있는 '감정'입니다.

경쟁이든, 그룹이든, 인간관계는 상대가 호감이라는 감정으로

느끼게 하는 것입니다.

인간은 인간관계에 필요한 호감 마일리지를 쌓을 줄 압니다.

내 매력을 상대가 결정하는 묘한, 사람의 감정 관계가 있고

인간관계에서만 나타나는 감정 처리 도구가 '매력'입니다.

먼저, 나의 매력, 나의 장점을 파악해 보는 것은

나를 내가 알아야 세상을 살아가기에 유리하기 때문입니다.

세상의 모든 일은 내가 공을 들여야 하고

성과를 낸다는 것에는 '인간관계'가 녹아 있습니다.

소속감이란 것도 인간관계가 성립되는 중요한 중심체입니다.

사람들은 이익에 민감한 감정의 동물입니다.

인간관계에 내가 가장 중요하기도 하고

노력을 해야 관계가 지속됩니다.

상대에 대해서 이익을 얻을 수 있을 때

호감도는 매년 달라질 수는 있겠지만,

인간관계는 멈추면 굳어 버립니다.

열심히 다듬고 가꾸어야만 원활한 인간관계가 이어집니다.

좋은 사람을 옆에 두면 좋은 기운이 찾아와 함께 좋아집니다.

늘 옆에 좋은 사람을 많이 두면 행복한 삶으로 살아갑니다.

외톨이보다도 어딘가에 속하면 삶이 부드럽고 행복합니다.

과연 AI 인공지능이 비판적 사고가 가능할까요?

자꾸 발달되어 가는 AI를 눈앞에 가까이 있다고 생각하니

미래의 세상이 궁금합니다.

인간의 기억을 인공지능인 AI로 대처한다는 것은 불가능합니다.

하지만 챗GPT로 인하여 디지털 디바이스 위주 교육으로

전환해야 한다고 교육부에 권유하는 일부의 주장이 있습니다.

1997년 IBM의 딥 블루의 인공지능이 체스 챔피언 게리 카스 파로프를 이겼을 때도 그랬고, 2016년 구글 알파고가 바둑 최강자 이세돌을 이겼을 때도 인공지능에 대한 관심이 사회의 광풍으로 일어났었죠.

그러나 인공지능이 인간의 지능을 따라오지 못한다는 연구자들의 의견이 있습니다.

한편으로는 걱정도 됩니다.

비판적 사고는 불가능할 수도 있지만 발달이 어느 선인가를 모르는 지금에야 누구도 알 수 없는 일입니다.

인간 뇌의 시냅스와 인공지능의 구조가 다르기 때문에 사람들은 안심을 하는 것 같습니다.

그러나 모르는 일입니다.

초거대 하이퍼 클로바 X
네이버 검색 챗봇 큐(Cue:) – 초대형 항국형 AI

2023년 8월 24일 네이버 검색 챗봇 '큐'가 일반에게 공개합니다.

초대형 언어 모델이자 생성형 AI가 네이버에서 야심차게 내놓은 한국형으로 연구된 결과로 인공지능 AI '큐'입니다.

챗GPT에 비하여 학습량이 6,500배나 많다고 합니다.

이름은 큐(Cue:)입니다. 앞으로 많은 기대가 됩니다.

AI가 미래의 자녀들과 친구 같은 존재가 될 것입니다.

세상 사는 방식도 방향이 많이 달라질 것입니다.

그리고 공부하는 접근 방식도 많은 변화가 예상됩니다.

부모가 모르면 세상에서 자녀들과 불통이 될 수도 있습니다.

시대가, 세상이 모두가 바뀌고 있고, 미래가 완전히 기본 판이 바뀝니다.

마치 예술가들이 처음 사진기를 접했을 때처럼의 충격입니다.

인공지능의 현재와 미래

우리의 뇌는 뉴런이라 불리는 세포들이 전기적, 화학적인 소통을 하고 있습니다.

우리가 지금 무엇을 하든 간에 뉴런은 끊임없이 작동하고 있습니다.

뇌 의식의 근원은 아직 밝혀지지 않은 인류의 영역이라고 합니다.

뉴런들이 상호 연결된 거대한 네트워크 그 자체이기 때문입니다.

하나의 뉴런은 다른 뉴런으로부터 화학적 신호를 전달받아

전기적으로 활성화됩니다.

전기적 흐름이 뉴런의 끝에 있는 화학물질을 자극하여 방출을 유도합니다.

그 화학물질에 또 다른 뉴런을 자극하면,

뉴런 자체에는 의식과 같은 기묘한 신비감이 없는
물리 화학적인 법칙에 따라 움직이는 기계적인 장치라고 합니다.

딥러닝은 이러한 뇌의 신경작용을 피상적으로 모방해
인공신경망을 사용하도록 합니다.

여러 개의 노드로 구성된 입력층이 은닉층이라 불리는
여러 개의 노드로 구성된 또 다른 층과 연결되고,
여러 개의 은닉층을 거쳐 최종적으로 하나의 출력층에 도달합
니다.
이렇게 입력에서 출력의 방향으로 이동하는 단순한 네트워크
를 '피드포워드 신경망'이라고 부르며,
입력과 출력 사이에 여러 개의 층이 있으므로,
'다층 퍼셉트론'이라 부릅니다.

신경망 알고리즘은
무시할 수 없을 정도로 우리 삶에 깊게 관여하고 있습니다.

신경망 알고리즘 도입 - 직원 채용 성과 알고리즘

어떤 회사들은 벌써부터 '신경망 알고리즘'을 도입하여
지원자들의 입사지원서를 평가하는 중입니다.
이미 회사에서는 직원들의 성과별로 자세한 데이터를
가지고 있다고 합니다.

예를 들면,
개개인의 외국어 점수, 업무 관련 자격증 개수,
소셜미디어의 친구 수의 합계 등 이 모든 것이 바로 입력값으로
불립니다.
직원들의 점수를 10점 만점으로 해 놓고
매겨 놓은 보고서를 가지고 계속 채점을 하는 시스템인 거죠.
이 부분을 출력값이라고 부릅니다,

이 모든 데이터를 가지고 입력 후 회사에서는 프로그램을 학습
시킵니다.
딥러닝은 입력값에서 결과값의 단순한 순방향의 이동뿐만이
아니라 역방향으로도 이동하며 가중치를 조절해서
실제 점수와 신경망으로 얻은 점수의 오차를 계속 줄여 갑니다.

이것이 딥러닝의 핵심인 '역전파 학습'이라고 합니다.

또한, 이미 가지고 있는 직원의 데이터를 토대로 조정했기 때문에 '지도 학습'이라 불리는 방법을 이용하여 컴퓨터를 학습시키면서 사람의 심리적인 부분까지 채용 점수와 사적인 정보에도 영향으로 반영을 한다는 표현을 합니다.
이런 프로그램을 '성과 알고리즘'이라고 합니다.

학습을 마친 성과 알고리즘 입력값에는 직원의 모든 정보가 들어 있습니다.
성과 알고리즘은, 나의 정보와 학습된 가중치를 바탕으로 성과를 얼마나 낼 수 있을지 예측값까지 출력이 가능해집니다.

회사에서는 이 자료를 토대로 하여 직원의
합격, 불합격을 손쉽게 결정을 합니다.
이것이 모두 AI 인공지능의 발전으로
'인공신경망의 딥러닝'의 기본적인 작동 원리입니다.

최근에 조수미가 AI 인공지능과 함께 콜라보 연주회를 열었습니다.

결국 감정은 따라오지 못했고

오히려 조수미가 AI를 도와주면서 연주가 마무리되었어요

'인간의 뇌.'

지금까지 생각하는 사람의 뇌는 몇 살까지 자란다가 아닙니다.

20살이 넘어도 대뇌는 자랍니다.

계속 잘 자라도록 해 주면 뇌는 잘 자라게 됩니다.

키가 일찍 다 커 버린 아이들,

하지만, 군대 가서도 자라는 자녀도 있습니다.

뇌의 신경세포에서 벌어지는 정보처리와 컴퓨터의 연산 과정은 비슷하지만,

인간의 지능과 인공지능은 서로 다른 방식으로 형식화되어 있으므로 인공지능은 지금까지는 인간처럼 생각하지 않는다고 합니다,

지금의 정보에 의하면,

인공지능의 발달이 어디까지일지는 아직 모릅니다.

하지만, 예측도, 지금은 확실한 정보를 말할 수는 없습니다.

우리의 뇌에 대한 연구는 우리 인간사회에서도

아직 모르는 것이 많다고 합니다.

만드신 하느님만 아는 영역입니다.

인간과 인공지능의 신경망은 분명히 다릅니다.

인간의 합리적 선택은, 인공지능 관점으로 볼 때 비합리적이고

인간에게 비합리적 선택은, 인공지능에게 합리적 선택일 수도

있습니다.

인공지능에 대한 우리의 기대가 위험으로 넘어서지 않길 바랍

니다.

인공지능이 비판적 사고를 할까?

인공지능이 의식을 얻고 인류를 초월한다는 이야기는 기발한

상상입니다.

인간의 존재에 대해 심사숙고해야 한다는 뜻이기도 합니다.

주제로 다루기에 조심스러운 '인간의 뇌'입니다,
신성한 주제이기 때문입니다.

그동안 많은 영화를 통해 이야기들을 상상하며 접해 왔습니다.
영화 〈매트릭스〉에서 인류를 억압하고
인간을 에너지원으로 삼는 기계가 등장하고
인류를 없애야 한다고 대범한 대본을 사용하는
'터미네이터 스카이넷'과 같은 초지성이 상정되기도 했습니다.

머신러닝과 자율주행, 딥러닝과 같은 단어들이 넘쳐나고 있습니다.
인공지능의 개발에 거액의 돈이 투자되고 있는 현실이기도 합니다.

이러다 어쩌면,
어느 날, 우리 예상을 뒤엎고 비판적 사고를 할 줄 아는
인공지능을 만나는 날이 오지 않을까 싶습니다.
생각하는 기계가 더 나아가 '비판적 사고'를 하는 기계로
인간을 초월하는 초지성이 등장할 수 있을까요?

구글의 자회사 딥마인드가 2015년 내놓은 알파고는
바둑에서는 완전히 꺾는 인공지능은 없을 것이라 예상한
기존의 생각을 완전히 뒤집었습니다.

단 한 번의 승리를 거둔 알파고가 언젠가는 인간보다 모든 면에
서 우월한 기계가 될 수 있다는 두려움도 생겼습니다.
그런 결과가 되지 않길 소망합니다.

자율주행, 이미지 인식, 음성 인식 기술 등
지금 성공적인 인공지능이라고 여기는 것들의 배후에는
구글의 딥러닝이 존재합니다.
딥러닝은 말 그대로 기계가 무언가를 학습하기 위한
알파고의 학습 방법입니다.

딥러닝 인공지능 기능과 단점

첫째, 일정한 조건 내에서만 문제를 해결합니다.
생존과 번식에 관한 다양한 문제를 종합적으로 해결하지 못합
니다.

문제 해결이 수동적이며 제한적입니다.

가끔은 입력한 정보 유통기한의 만료로 거짓말도 합니다.

챗GPT의 부작용에 대해 100% 신뢰할 수 없습니다.

인터넷 속에 이미 존재하는 정보를 그대로 전달해 줄 뿐,

새로 생성하거나 인터넷에 없는 문제를 스스로

해결할 능력은 없다는 것입니다.

둘째, 사람처럼 어떠한 문제라도 자신을 위하여 해결하지 못합니다.

인간의 목적과 개발자의 이익을 얻기 위한 상품입니다.

셋째, 현재 뇌에 대한 정보를 모두 알지 못한 단계입니다.

지금도 많은 부분을 추측으로만 하는 뇌를 연구 중입니다.

인공지능하고는 다르게

인간의 뇌의 시놉스의 구조는 가변적이기 때문에

인간이 만든 인공지능에서 시놉스 역할을 하는 트랜지스터와는 같을 수가 없다는 것을 인지해야 합니다.

넷째, 인공지능이 인간의 뇌를 완전히 이해한다면

인간의 뇌를 능가할 수도 있다는 예측을 염려합니다.

인간의 의지로 결정되는 사항은 논리만으로 예측이 불가능합니다.

예를 들어,

대선 방향이나, 경제흐름이나

설명할 수 없는 현상들이 많습니다.

AI가 아무리 지능이 발달되어도 단지,

입력에 반응하는 기계일 뿐입니다.

인공지능을 인간 뇌의 복사판이라고 볼 수 없다는 것입니다.

AI가 아무리 발전한다고 해도

우리 인간의 감정까지 닮기에는 불가능하기 때문입니다.

균형을 생각하고, 현대의 변화되어 가는 흐름을 알고,

적응을 해야 합니다.

학교 교육은 쉽게 버리거나 바꾸거나 해서는 안 되는

100년의 자식 농사와 같습니다.

모든 것은 마음먹기에 달려 있습니다.

사람은 누구나 장점과 단점을 공유하고 있습니다.

아무리, 세상이 빠르게 돌아간다고 해도,

자녀가 확고한 신념으로 '비판적인 사고와 창의적인 사고'를

할 수 있는, 기억하는 학교 교육은 필요하다는 것입니다.

비판적 사고의 시작은,

자녀의 행동에서 단순히 잘못된 오류를 찾아내는 것이 아니라

그 사실에 대해 옳은 판단을 내리는 과정을 말합니다.

자녀를 있는 그대로 존중하려면,

부모부터 '비판적 사고'가 필요합니다.

부모의 자녀 교육 철학에 대한 정체성은 더욱 중요합니다.

비판적 사고로 흔들림 없이 나 자신 스스로 주체가 되어

명확한 정체성을 가지고 삶을 살아갈 때 편리합니다.

학생들의 초, 중, 고 12년과 수년의 학교 교육에 익숙해져

비판적 사고를 하는 대신 학교 시스템과 국가 교육부의

시스템에 의하여 따라가며 적응하는 데 정신이 없다면 이는 큰

일입니다.

자녀들이 생각하는 학교에 대한 인식을

좋은 꿈을 꾸는 곳으로

학교라는 공동체가

같은 또래들과 경쟁을 해야 하고 평가를 받는 곳이 아닌

많은 지식을 연마하고 소중한 벗들을 만나

어릴 적 학창 시절을 동 시대에서 함께

미래의 꿈을 꾸고 서로 아껴 주며

삶에서 필요하고 소중한 것들을 배우는 곳,

행복한 추억이 머무는 곳이라는 인식을 해 주는 곳이면 좋겠습니다.

찰스 핸디의 말에 의하면,

"사람은 태어나면 삶의 시간 전부가 배움이며

공부를 해야 하는데, 어릴 때부터 우리 인간에게는

철학 교육의 필요성의 중요함을 강조"한다고 했습니다.

어른이 되었지만 철학적 사고는 늘 필요하다는 것입니다.

옳고 그름의 길이 명확하게 보이고

비판적 사고는 판단력을 주기 때문입니다.

아이들 창의력의 발달 표현의 좋은 실제 예입니다.

만약 초등학교 담임 선생님들이 발견하여 알려 준다면 최고입
니다.

학교에서 창의력이 발달을 하고 있다는 것입니다.

아이들에게도 중요한 추억으로 기억되는

학교생활의 시간들이면 합니다.

과제의 결과물들이 몇 년 후에도 기억이 되어

학교 수업시간에 좋은 교육으로 기억되면 좋겠습니다.

미래에 원하는 학교 교육 상상 과목

'도덕 교육, 건강 교육, 경제 교육, 봉사교육,

기부 교육, 나라 사랑 교육, 이웃 사랑 교육.'

1. 도덕 교육

인간 도리와 예의를 어릴 때부터 배우면 좋겠습니다.

학년이 올라가도 연계 교육으로 지속적인 학교 도덕 교육이면
합니다.

나보다 남을 위하여 타인에게 양보하고, 배려하고, 이해하고, 웃어 주고, 좋은 마음으로 친구를 사랑하는 마음이 가득한 '도덕 교육'을 원합니다.

2. 건강 교육

유아 때부터 철저히 나라 교육으로 가르쳐 주십시오.

평소 내가 나의 몸을 잘 알도록 가르치고

좋은 재료로 선별하여 나에게 맞는 음식을 잘 선택하는 방법을

교육해 주십시오.

내 몸에 음식을 골라 먹기 연습과 내 몸을 내가 알아내어

건강 습관 평생 교육을 원합니다.

3. 경제 교육

나라 살림에도 보탬이 되고 안정된 국민 개인의 안정된 삶으로

근검, 절약, 근면 성실, 저축하는 습관 기르기 학교 경제 교육을

원합니다.

4. 봉사 교육

친구들과 화합, 소통, 희망, 기쁨을 나누고

나, 너, 우리의 명확한 개념으로 피해를 주지 않은

착한 마음으로 하는 남을 돕는 교육, 범죄도 사라지고,

서로서로 돕고 사는 행복한 이웃사랑

봉사, 정신 교육을 원합니다.

5. 기부 교육

개인이 번 돈으로 흔쾌히 남을 위하여 사회에 기부하는 교육

우리나라 위한 나라 부강의 국력을 키우게 하고

건강한 나라 만드는 기부 교육 학교를 원합니다.

6. 나라 사랑 교육

가슴 안에 나라 사랑이 싹트게 하는 국가 사랑 의무 교육으로

애국가만 들려도 가던 길 멈추고 가슴에 손을 얹고

나라 사랑하는 자랑스러운 마음 학교 교육을 원합니다.

7. 이웃 사랑 교육

이웃과 함께 같이 잘살아야 합니다.

우리나라도 살기 좋은 나라가 됩니다.

학교에서 기본 교육으로 이웃 사랑의 프로그램 연구하여

이웃사랑 교육을 원합니다.

다양한 가치 창조와 자존감을 높이는 '비판적 사고,

'창의적인 사고'로 생기는 자존감, 협력, 소통, 통합, 융합의
차별화된 교육은 자녀들에게 꼭 필요하고
중요한 필수 교육입니다.

자존감에서 오는 자신감을 창조하며,
건강한 비판적 사고는 올바른 삶을 살아가는 데 필요한 무기입
니다.
부모들이 만족하는 '비판적 사고 & 창의적인 사고'는
자녀가 자유로운 삶을 바르게 잘사는 성인으로 잘 자랍니다.

자녀가 미래를 준비하는 삶을 살아내면서 현실과
미래의 균형이 깨지지 않도록 조절하며 잘삽니다.
자녀의 생각과 원하는 것을 자녀 스스로 선택하도록 합니다.

특히 자녀 교육에서 틀린 부분은,
바로 그때그때 바르게 교정해 줘야 합니다.
부모와 자녀 사이에서도 지켜야 할 규칙들이 있다는 것을
자녀 스스로 인식하도록 합니다.

규칙을 정할 때 자녀의 의견에 경청을 하고

옳고 그름에 대해 명확한 설명을 해 줍니다.

이해를 시킨 후 결정하도록 하는 것이 부모의 역할입니다.

부모가 비판적인 사고, 창의적인 사고를 위하여 많은 질문을 해 줍니다.

소통을 통해 아이들 스스로 주체적인 좋은 성인으로 성장하니까요.

비판적 사고는 '건강한 비판'을 해야 합니다.

비판적 사고는 아프게 하는 뼈 때리는 비판이 아닌

따뜻한 관심과 사랑의 표현으로 비판적 사고가 필요합니다.

모두에게 행복한 삶이 되는 가치입니다.

자존감을 살리는 자녀 교육 5C 법칙 2.

창의력은 최고의 자존감(Creativity)

> **문송란의 tip**
>
> 창의력은 무에서 유를 창조하는 것이 아닙니다.
> 창의력의 기본 바탕은 축적 되어 있는 지식이 기반이 되어
> 새로운 요소들과 버무려질 때 새로운 아이디어가
> 생성되는 것이 바로 창의력입니다.

창의력은 자존감이다

기업에서 직원을 채용할 때 조건이 창의적인 부분이 중요합니다.
혁신적인 결과물을 디자인 프로세스로 요구하는 조건이 많습
니다.

하지만, 원하는 창의적인 신선한 아이디어는 쉽게 뚝딱 하고
도깨비 망망이처럼 나오지 않는다는 것입니다.

괴짜로 소문난 어떤 사람이 창의적인 결과물을 가지고 나와
기대 이상의 성과를 얻어 내는 경우를 종종 봅니다.
그걸 보는 우리는 '창의성은 천재가 하는 전유물이다'라는
생각으로 굳어집니다.

그렇지만 그것은 일반적으로 이해가 부족한 개념입니다.
뇌리에 스치는 생각은 맞아 하고 긍정을 하게 됩니다.
창의력은 충분히 발전할 수 있습니다.

창의력의 아이디어로 유명한
애플의 창업자 '스티브 잡스'는
혁신적인 아이디어인 파트너십으로 협력의 애플 기업을
세상에 우뚝 세웠습니다.
예술가 레오나르도 다빈치의 창의력이 뛰어난 작품들이
세상을 이롭게 하는 것을 볼 수 있습니다.
결국 애플의 창작은 파트너십의 기발한 아이디어에서 힘을
발휘한 것입니다.

이러한 천재들의 창작은,

일반인의 생각에 특별하다고 생각합니다.

하지만, 결코 창의성이 천재들의 전유물이 아닙니다.

일반적인 사람들도 얼마든지 창의적인 아이디어로

좋은 아이디어를 창출할 수 있습니다.

그렇다면 어떻게 해야 창의력을 발달시킬 수 있을까요?

세계에서 유명한 스탠퍼드 대학교 인재 양성소인

'디 스쿨'이 창의력을 키우는 곳으로 잘 알려져 있습니다.

'디 스쿨'에서는 창의력을 키우는 방법은 '관찰'입니다.

자녀가 어려서부터,

세심한 교육을 잘 받아야 할 부분은 '관찰'입니다.

손과 눈의 협응이 잘 되어야 사물을 관찰하는 힘도 생깁니다.

유아 때 손과 눈의 협응이 되는지 확인해 보는 방법은

생활 속에서 운동화 끈을 잘 묶는지 알아보는 것입니다.

관찰할 때 손, 눈, 뇌와 관련이 많습니다.

관찰은 손과 눈, 그리고 뇌의 협응력입니다.

관찰력의 발전은
곧 창의력으로 연계되어 있습니다.

관찰의 힘

관찰의 힘이란,
눈과 손의 협응력의 힘도 잘 살펴 보십시오.
스탠퍼드 대학교 '디 스쿨'에서 진행하는
창의력 개발 프로그램에서도
관찰이 중요하다는 결론을 얻어 냅니다.

우리 주변에 수없이 많은 아이디어와 정보가 존재합니다.
너무 많은 정보를 보면서 무심히 흘려보내듯이
아이디어를 놓치는 경우가 많습니다.

디 스쿨에서 10주 동안 관찰이라는 활동으로
시야를 넓혀 주고 창의적인 아이디어를 내는 데

큰 효과를 본 사례는

역시, 관찰의 중요성은 연습을 하면

성공할 수 있다는 결론입니다.

관찰은 일상 속에서 얼마든지 연습이 가능합니다.

집중적으로 관심을 갖고 연습을 하면 창의력도 발전합니다.

관찰 연습 방법 4가지

1. 한 가지 목표물을 정하고 세심하게 집중적으로 관찰을 합니다.
   자신의 관심 대상이나 관련이 있는 물건이나 장소를 택하면
   좋습니다.

   예) 그림을 공부하는 사람이라면 갤러리, 연필, 붓, 물감을 대상
   으로 잡고 관찰을 시작하세요.

2. 관찰을 하면서 계획을 세우고 관찰 일지를 기록합니다. 기준
   을 정해 두고 시작하면 잡다한 정보를 끌여들여 시간 낭비를
   사전에 막을 수 있습니다.

   예) 연필의 길이, 연필의 종류, 연필의 색상, 연필의 용도, 연필

의 두께, 연필을 만드는 회사, 미술 연필의 용도, 연필 디자인 등을 세심하게 관찰합니다.

3. 관찰을 통해 획득한 모든 새로운 정보를 가지고 표현을 해 보는 방법을 익힙니다.

예) 자신이 상세하게 관찰한 내용들을 가지고 효과적으로 기록을 하는 것들을 자신의 표현 방식으로 연구하여 창의적으로 표현합니다. 단순한 생각을 하다가 나중에는 관찰의 범위가 넓혀지면서 장문으로 표현하는 것이 가능하고, 창의력의 결과물이 충분히 나옵니다.

4. 나만의 방식으로 집중을 하여 관찰하는 것 자체가 창의력을 발휘하기가 쉽습니다. 계속 집중하여 관찰하면 평소 보지 못한 부분들이 자세히 보이고, 시간이 지나면서 관찰하는 범위도 확대되고, 새로운 사고의 태도로 바뀌게 됩니다.

뇌와 거꾸로 창의력

자동차 회사 테슬라의 대표인 '일론 머스크'는

창의적인 발상을 역으로 하여 접근합니다.

비즈니스를 할 때 일반인과 반대의 생각을 하여

접근을 하는 방식을 택합니다.

그는 새로운 비즈니스를 하려고 시작할 때

마치 자신을 물리학자처럼 생각하면서 접근을 합니다.

물리학의 시작 이론은 유추보다는 추론 방법을 적용합니다.

모든 것을 조각으로 나눠서 근본적인 것을 스스로 파악한 후 시

작합니다.

가장 기본 제1원칙의 접근 방법을 활용하여

아무도 만들지 않았으며

이 세상에 존재조차도 없다고 생각합니다.

내가 모든 것을 최초로 만든다고 생각하며 일을 진행합니다.

일반적인 모두가 진행하는 선'벤치마킹'의 과정을 거치지 않고,

타 기업의 제품의 샘플도 전혀 보지 않습니다.

일반적인 생각과 선입견을 모두 배제하고

비즈니스에 접근하는 방법으로 한다고 합니다.

일론 머스크처럼 내가 최초라면 하는 기준에서 시작되는 접근

방식으로

비즈니스를 하는 방식은 그야말로 우리 뇌에서 창의력을

깨우게 하는 방식을 선택합니다.

그는 최초 내가 이것을 만든다고 생각하고 뇌에 아예 기존의

존재에 대한 힌트를 지우개로 깨끗이 지워 버리듯이

기상천외한 창의력으로 뇌에 장착시킵니다.

기존에 있던 모든 것들이 없다고 상상을 한 후 0에서 시발점을

찾습니다.

첫 시작하는 코어부터 내가 시작하겠다는 시도가,

'창의력 발상의 대전환'인 것입니다.

아예 처음부터 자신이 개발자가 되겠다는 기본 원칙으로

찾아내는 시도입니다.

이미 잘 알려진 일론 머스크의 뛰어난 창의력이 뛰어난 접근 방

식은 매우 역발상의 독특한 방법입니다.

오늘날 테슬라의 발전이 결과물로 보여 주는 검증의 실례입니다.

미래학자 데니얼 핑크(DANIEL PINK)의

하이 컨셉의 접근 방법에서 보면

우리 생활에서 자녀에게 큰 질문을

창의적으로 답을 할 수 있도록 질문을 합니다.

큰 질문의 예로, 영화 〈쥬라기 공원〉을 들 수 있습니다.

이 영화는 현 시대에 공룡이 살아 있다면?

하는 상상을 전제로 거대한 질문 하나를 명제로 던진 후

차분히 문제의 답을 찾아가는 것입니다.

질문의 하나에서 줄거리를 풀어 가는 형태의 영화죠.

현재, 레오나르도 다빈치가 살아 있다면?

하는 상상의 대질문 하나로 시작하는 접근 방식과 같습니다.

큰 질문 하나를 주고 상상을 하도록 하는 것이

'하이 컨셉'이라고 합니다.

창의력의 개발을 위하여 뇌과학자들의 새로운 시도들도

참으로 흥미롭습니다.

넷플릭스 시리즈로 유명한 〈창조적인 뇌〉를 한 번 챙겨 보세요.

창의적인 '창조하는 뇌'

세계적으로 매우 촉망받는 뇌과학자 '데이비드 이글먼'과

예술과 과학을 접목하여 인간 정신을 연구해 온

작곡가 '앤서니 브란트'가

'뇌와 창의성의 비밀'을 밝혀 가는 지적이고 흥미진진한 여정을

『창조하는 뇌』라는 책에 담아 냈습니다.

창의적인 아이디어 난제는 영원한 '영감'입니다.

창의적인 기발한 아이디어는 어떻게 얻을 수 있을까요?

이와 관련해서 매우 흥미로운 다큐멘터리로 제작되어

넷플릭스에서 상영되었습니다.

과학자와 예술가가 협업을 하여 좋은 성과를

얻었다는 것에 매우 신기합니다.

결국,

창의력의 발상의 근원은

이미 축적되어 있는 '지식이 풍부해야 한다'는 것입니다.

새로운 지식들을 꾸준히 습득하고 노력을 함으로써

창의력은 발전하는 것입니다.

좋은 아이디어의 창의력은 배경 지식이 충분하게 축적되어야

합니다.

연습이 반복적으로 이뤄질 때 창의력의 아이디어가 도출된다

는 결론이죠.

좋은 아이디어 창출을 위하여 좋은 책을 많이 읽어야 합니다.

반복 학습과 끊임없이 꾸준한 노력만이 창의력에 도움을 준다

는 결론입니다.

창조하는 뇌 창의력 발휘의 방법 3가지

1. 휘기(bending): 원형을 변형한다, 크기와 형태, 소재 등을 바꿔

   가능성을 본다.

2. 쪼개기(Breaking): 인간의 몸처럼 완전한 것을 분해한다. 조각

   을 조립해서 새로운 것을 만들어 낸다. 사회적 공감을 합류

   시키면 된다.

3. 섞기(Blending)

이 세 가지 키워드를 종합해 보자면 '재편집'입니다.

배우고, 반복하고, 연습하면 뇌에서 인지하는 시간에
여유가 생기게 되어 남아 있는 리소스가 다른 잡념을 하게 됩니다.
전혀 생각지도 못했던 뭔가가 더해지면서 새롭고 창의적인
아이디어가 도출된다는 개념이 창의력입니다.

세계적으로 유명한 예술가 피카소와 고흐는
다작으로 매우 유명합니다.
다작의 의미는 결국, 반복 훈련입니다.
유명한 예술가로 성공한 두 사람은 멈추지 않고
새로운 정보를 받아들여 접목시키면서 작업에 몰두했습니다
쉬지 않고 꾸준한 노력으로 전진을 추구한 오늘날의 결과라고
봅니다.

'인간 창의성의 비밀'

창의성이란 무엇인가?
창의성으로 가득찬 뇌 구조는 어떻게 생겼을까?

'창조하는 뇌'의 책을 본 네이처는 이렇게 말합니다
'창의성의 근원을 찾아가는 아름다운 여정'이라고…!

자녀에게 창의력을 발달시키려면 결국 많은 책을 읽게 하고,
반복 학습하면서 관찰을 하며 연습시키면 됩니다.
창의력의 중요성은 생활 전반에 걸쳐 필요한 요소입니다.
어려서부터 늘 창의력을 연습할 수 있는 자녀로 키운다면
정말 재미있고 즐거운 삶을 살아갈 것입니다.

창의성은 어디서부터 시작되는지?
기술과 예술에서도 동일하게 적용됩니다.
창의성이 발달되면 다음은 무엇인가?
창의적인 아이디어로 발달된 총집합체는 우리의 인류 역사입
니다.

자녀들에게 창의성을 깨워 주는 연습은 정말 중요합니다.
곧 자녀가 세상을 살아가는 내내 활용하고 적용되기 때문입니다.

창의력의 본질은 사회적인 활동입니다.

창의력은 최고의 자존감을 흔들리지 않게 해 주며,

인간의 뇌는 항상 새로운 자극을 원합니다.

인간의 창의성은 상호 사회적인 자극 속에서 상호 보완적으로

진행되어야 하는 발전입니다.

인간의 창의성은,

진공 상태에서 나오는 것이 아니고,

자신의 경험과 주변 원재료를 바탕으로

나의 세상을 재창조하는 것입니다.

창의적인 자녀 교육 관계

우리나라,

자녀 교육 현장은 무조건 좋은 대학을 가기 위하여 하는 달리기

같습니다.

마라톤 교육으로만 교육을 하게 된다면 아마 후회할 거예요.

오히려 잘못된 결과를 낳게 되기도 하구요.

창의력은 자녀 성장에서 가장 잘 갖추어야 할 덕목으로

특히 AI 인공지능 시대에 소중한 교육의 꽃으로 꼽습니다.

다시 한 번 강조하지만,

인공지능은 인간의 뇌의 회로 구조와 다르기 때문에

인간의 감정을 이길 수 없다고 하지만

아무도 모르는 것이 지금 AI 인공지능 발달 속도입니다.

우리나라는,

안타깝게도 아이들이 사교육으로 몰리는 현상이 있습니다.

부모의 마음가짐이 흔들리지 않고,

변화가 없는 마음으로 자신감으로

자녀 교육에 임하는 마음가짐이 필요합니다.

한국 사회는 경쟁이 심한 사회 안에서 비교하는 문화도 생겼습니다.

자녀들에게 요구했던 것과 자녀에 대한 부모의 생각에 대한

관점을 돌아볼 필요가 있습니다.

부모의 욕심보다도 아이의 행복을 위하여

자녀 그대로를 존중해야 합니다.

부모 교육은 자녀의 원래 모습을 자꾸 바꾸려 하는 것이 아닙니다.

자연스럽게 사고하며 성찰하는 과정에서 자녀의 생각을 키워 주면 됩니다.

자녀의 마음이 흔들리지 않게 고정시켜 주는 역할입니다.

부모의 역할은 아이를 창의적인 자녀로 성공적으로 키울 수 있는 방향을 잡으면 됩니다.

어려서부터 서로 경쟁을 하는 사회 문화 경쟁자들과

열심히 경쟁하여 공부에만 집중하며 얻어 낸 결과로

좋은 대학에 보내기 위하여

자녀의 인생의 반을 틀에 갇히게 한다면

이 또한 얼마나 불행한 일인가요!

특히 우리나라의 교육 시스템은 자녀의 창의력 개발에 집중이 모자랍니다.

어릴 때부터 중요한 시기를 놓치는 경우가 되어

뒤늦은 후회를 하지 않아야 합니다.

먼 미래를 걱정하는 입시라는 명목하에 어릴 적 창의력의 발달 시기를 놓치고 있는 것은 아닐까요?

두 아이들 어릴 적 사진을 정리하다가 새로운 사실을 발견했습니다.

유난히 놀라운 공통점을 발견했어요.

그것은 작은 아이의 사진 속에서 순간의 포즈가 각 사진마다

모두가 다르다는 사실을 발견하고 다시 추적을 해 보니,

창의적인 모습이 보였던 것입니다.

정말 재미있는 모습들을 발견했습니다.

놀랍도록 얼굴 표정 하나하나가 모두 재미있었습니다.

한 씬마다 색다른 표정으로 연출되었다는 사실을 발견했고,

온몸의 형태가 다 다르게 연출이 된 사진들은 감동이었습니다.

얼굴 표정은 재미있는 유머가 가득 들어 있는 표정으로,

재미있는 창의적인 표정들이 보는 내내 즐거웠습니다.

작은 아이는 이 엄청난 창의적인 감성을 가지고 태어났습니다.

자연적으로 타고난 감성에 창의력까지 알 수 있었습니다.

엄마가 사진 촬영할 때마다 어릴 적부터
자연스럽게 타고난 감성으로 표현했습니다.
그것은, 창의력 표현이었습니다.

작은 아이 어린 시절 성장기부터
매우 창의적이고 타고난 소질로 현재 예술인이 되었답니다.
관련된 전공 쪽으로 가게 된 끼의 발산은 어릴적부터 창의적인
발상이 몸에 이미 장착되어 있었다는 것을 확인했습니다.

자,
지금부터 여러분의 자녀를 세심하게 관찰해 보십시오.
여러 가지 방법으로 자녀의 타고난 천재성이 보일 것입니다.
부모의 눈과 귀 마음에 자녀의 미래가 달려 있습니다.

자녀를 자세히 관찰을 꼭 해 보세요.

부모는 관찰력으로 자녀를 바라보는 세심함이 필요합니다.
부모는 자녀의 꿈을 찾아 주기 위한 최고의 선생님입니다.
그리고 방향을 정확하게 알려 주는 나침반이구요.
자녀가 타고난 소질을 개발할 수 있도록 관찰력으로

잘 발견해 보세요.

최선으로 자녀를 키운 부모의 마음은 행복합니다.

자녀를 위한 희생은 얼마나 값진 일입니까?

부모의 마음을 자녀에게 맘껏 쏟아부으세요.

늦게라도 발견 못한 부분은 찾아서 자녀의 미래를 안내자가 되

어 보세요.

그동안 찍어 둔 사진 속에서 발견한

창의적인 작은 아이의 행동, 표현, 몸짓을 통해

인간의 타고난 재능은 분명히 존재한다는 것입니다.

인간의 타고난 재능에 대한 능력은 무한합니다.

자녀들의 타고난 재능을 모두 발견하세요.

진중함 & 해결력

첫아이의 특징입니다.

1. 대범한 실행과 호기심 천국

2. 인내심과 아이디어의 천국

3. 진중함과 소리 없이 조용히 가는 에너자이저의 대명사입니다.

4. 생각과 미래 발상의 전환을 온타임(on time)에 정확히 명중합니다.

5. 숫자를 매우 좋아합니다

늘 생활의 모든 것이 창의력 발상의 전환으로 답을 해결합니다.

조용히 진중함으로 자신의 목표지점 골인을 결과물로 보여 줍니다.

늘 감사하며 긍정적입니다.

둘째 아이의 특징입니다.

1. 연구, 나열하여 목표 지점 명중

2. 꾸준히 실천 창의력 발상의 전환

3. 집중력, 지구력의 대명사, 목적지 달성 끝까지 갑니다. 명확하게 자신이 가고자 하는 목적지 도착

4. 진중함, 카리스마의 대명사입니다.

5. 그리는 것을 좋아합니다. 조용히 혼자 있는 것을 좋아합니다. 참아내는 인내심과 늘 감사하며 긍정적입니다.

두 자녀를 키우면서 행복한 가족대화법으로
가장 많이 했던 생각과 언어와 행동은,
바라봐 주고, 지켜봐 주고, 기다려 주고, 바른 조언으로
양육해 온 시간들이 전부였습니다.

이 중에서 가장 많이 해 주었던 것은
어느 가정에서나 흔히 볼 수 있는 사례로
부모라면 모두가 하며 살아가는
아주 일반적인 교육 방법입니다.
넘치지도 않고, 모자라지도 않은 '올바른 칭찬'과 스킨십입니다.

항상, 하루에도 눈이 마주치면 꼬옥 안아 주며
사랑한다는 말을 자주 합니다.
예를 들어, "아침에 잘 잤니?" 하며 볼에 뽀뽀를 합니다.
낮에도 합니다.
저녁에도 굿나잇 인사 하며 또 해 줍니다.

자녀에게 최고의 창의력 실행력은 좋은 자존감을 형성합니다.

"장남의 실제 사례를 창의력이 왜 자존감이라고 하는가?"

인종차별 & 한국인의 어린 마술사의 정체성과 높은 자존감

(유학생 장남 선의 통쾌한 고민 해결 스토리)

'최고의 노력으로 마술사가 되다.'

한국이라는 작은 나라라고 놀려 대던 '작은 나라 아이'

인종차별이라고 느낀 장남은,

청소년 백인 학생들의 인종차별에 대한 고민 해결법을

혼자서 고민하면서 연구를 하게 됩니다.

큰아이는 어릴적부터 아주 조숙했습니다.

단 한 번의 불만도 갖지 않았습니다.

스스로 해결을 하려고 노력하는 특징을 가지고 있습니다.

신앙의 힘도 작용했습니다.

큰 아이는,

마술 재료와 프로 마술사의 CD를 전 세계에서 모두 주문을 했습니다.

각 나라의 프로 마술사들의 스토리가 담긴 CD, 마술 재료 소포가 자주 도착했습니다

장식장 안에 마술 재료와 CD가 가득합니다.

방과 후에 집요하게 마술을 연습했습니다.

홀로 연습하고 또 연습하여 드디어 홀로서기 마술사가 됩니다.

아무도 모르게 홀로 자신의 생각을 전달할 방법과 계획도 세웁니다.

그리고 대범한 창의력을 학교 행사를 통해 발휘하게 됩니다.

학교 행사 프로그램 핫 타임에 특별출연 협상도 성공합니다.

몸집도 작은 동양인 1학년 어린 후배가

고학년 졸업반 백인 학생 선배들을 만나 출연 협상을 성공시킵니다.

가장 중요한 학교 행사 시간에 특별 출연 기회를 미리 셋업해

둔 사실을 행사를 마친 후 알게 되었습니다.

어린 장남의 마음이 가상하고 기특했습니다.
그리고 이후 많은 것들로 감동을 주는 일들이 연속이었습니다.
그중에서 하나의 사례로 마술사 이야기를 풀어 봅니다.

"Introducing Sean, a Korean Magician."

고학년 선배들의 진행 사회자의 멋진 소개와
특별 소개 멘트가 울렸습니다.
행사가 무르익어 가는 중간 하이라이트 핫 타임에 말이죠.
전교생, 학부형들, 선생님들 모두가 신기하여 초집중을 했습니다.

"한국인 어린 마술사 션(아들 영어 이름)을 소개합니다."
이 순간 행사장은 숨이 멎을 것 같았습니다.
그리고, 고요한 침묵이 약 20초 흐른 후
멋진 마술사 장남 션이 등장합니다.

멋진 검정 턱시도 정장을 입은 어린 한국인 마술사의 당당한 모습으로 말입니다.

저는 그 순간 거의 기절하는 순간의 어지러움을 느꼈습니다.

어린 꼬꼬마 장남이 너무 멋졌습니다.

아직 어리지만, 선이 정말 자랑스러웠습니다.

그리고 그 순간이 너무 감사했습니다.

'한국인 작은 꼬꼬마 마술사 등장.'

멋진 마술사 모자를 쓰고,

마술 지팡이를 들어서 포즈를 취하면서,

당시 우리나라에서 유행한

롤러스케이트 신발을 신은 멋진 모습으로 공중에

은가루를 휘날리는 모습은 환상이었습니다.

샤랄랄라 샤~르르르

물결을 타듯 미끄러지면서 온통 큰 무대를 S 자로 누비며

원을 그리며 돌면서 공중에 뿌리는 은가루는

정말 아름답게 반짝반짝거리며

온 행사장을 모든 사람들과 전교생에게 감동의 함성으로

하늘 높이 울리고 울려 높이 높이 날아올랐습니다.

정말 멋지고 아름다운 감동이었습니다.

전혀 예상을 못한 엄마도 장남의 멋진 마술사 등장으로

놀라웠습니다. 아니 신기했습니다.

순간,

홈스테이 할아버지와 할머니는 자리에서 벌떡 일어나서 소리

를 지르셨습니다. 거의 울상이 되어

감동의 목소리로 외치며 이렇게 소리쳤습니다.

"Sean the Wonderful Magician is my grandson."

"멋진 마술사 션이 나의 손자야, 나의 손자야" 하며 말이죠.

당시의 현장 그 모습이 떠올라 지금 이 순간에도

다시 감동으로 다가옵니다.

가슴이 뜁니다. 쿵쿵쿵

비디오 촬영하던 저는 그 장면을 모두 놓치고 말았습니다.

감동이 조금 진정이 된 후에야 비디오 촬영을 한다는

사실도 잠시 잊어버렸다는 사실을 감지하게 되었답니다.

멋진 그날이었습니다.

내 인생의 아름다운 가장 멋진 날 중에 최고의 행복한 날이었습니다.

실은 엄마가 마술사를 만들기 위해 졸면서 비둘기 숨기는 주머니를 턱시도 안에 수없이 만들어 주었거든요.

비둘기도 키웠어요. 그때가 참으로 행복했습니다.

지금도 멋진 자존감을 소유한 장남에게

진심으로 고맙다는 마음을 전하고 싶습니다.

여러분 아십니까?

웃고 있어도,

그 웃음 안에 숨겨진 노력은 정말 힘들었다는 것을 말입니다.

장남의 노력과 고생한 하나의 어린 일상들이 생각납니다.

마술을 하는 멋진 모습의 마술사 아들 실제 모습을 보느라

당시 모습 비디오를 모두 놓치고 말았답니다.

그리고는 보는 동안 감동의 눈물을 흘리며 하염없이

엉엉 울었답니다.

이런 일년의 과정들이 자녀의 존재에 대한 이 세상 모든

부모들의 행복한 눈물이 아닐까요?

'리틀 컨추리 코리언(Little contry Korean)

(어린 아들의 진심 & 엄마의 두 번째 대성통곡)

시간이 좀 지난 후 아이가 왜 마술을 그토록 연습하여

학교 전교생 앞에 나아가

'작은 나라의 한국인'이라고 대범하게 목소리를 높였는지

어린 아들의 진짜 이유를 듣고 또 한 번 대성통곡을 했습니다.

그 이유는 작은 나라라고 늘 놀려서였다는 것입니다.

저는 장남의 꿈이 마술사로 알고 차마 "너 마술사 되고 싶니?"

라고 물어보지 못했습니다.

인종차별을 한 몸집과 키가 크고 우세하게 보이는

백인 친구들에게 제대로 자신의 명확한 의사를

학교 행사를 통해서 모두에게 한 번의 메시지로

한 방 세게 날렸던 것입니다.

"나는 똑똑한 한국인이야."

어린 청소년이 낯선 이국 땅에서의 올바른 자존감으로

한국인의 배짱과 기상을 제대로 똑똑하게 보여 주어

자랑스러웠습니다.

그날 학교 행사 이후 가장 멋진 큰 이슈가 되어

학교의 대스타가 되었답니다.

학교 생활하는 동안 내내 정말 사랑 많이 받으며

좋은 친구들과 순항을 하게 되었답니다.

"꼬꼬마 마술사 한국인 션 정말 멋졌어요."

학교 행사에 참여한 전교생과 선생님들, 학부형들

모두에게 작은 나라 한국인 어린 마술사 션의 정체성은,

잘 자라 준 자존감으로 모두에게 멋진 마술사로

행복 바이러스를 사랑의 선물을 전했답니다.

특별한 마술이라는 도구를 활용하여

'리틀 컨추리 코리언(Little contry Korean)'의

한국인으로서 다부지고 멋진 모습을 보여 준 것입니다.

그들의 생각이 잘못된 생각을 했다는

인식의 틀을 제대로 바꿔 주었습니다.

작은 나라 한국인의 당찬 모습을 담대하게 표현하며 자존감을
세운 큰아이의 모습은 지금도 생생합니다.
그날, 장남 선의 기특한 생각은 기발한 순발력과 창의력을
멋지게 발휘한 대형 사건이었습니다.
학교에서도 친구들, 선생님들 모두 기뻐해 주셨습니다.

심장병 어린이 돕기 성금 전액 기부 - 기부의 가치

어느새 졸업반이 되었습니다.

션에게 학교 측으로부터 좋은 아이디어로 마술 이벤트 제안을

해 주셨습니다.

션의 창의력이 또 색다른 대형 이벤트인 기부금을 마련하려는

계획을 세웠습니다.

전교생에게 티켓을 발행하여 얻은 수익금 전액을

'심장병 어린이 돕는 곳에 기부'를 했습니다.

정말 멋진 일이었습니다.

션은 멋진 마술쇼를 잘 마쳤고 수익금 전액을 기부를 하여 사회

에 기여하는 가치도 경험하게 되었습니다.

기부의 가치를 학생 신분으로 실천을 해낸 것입니다.

제2의 기부의 기여 가치

학교 장학금 기부 션 & 데니얼(동생)

특히 션은 수학을 잘하여 두각을 나타냈습니다.

학교 측에서 같은 친구 과외를 요청해 '또래 친구 수학 강의'를

맡아 하게 됩니다.

또, 학교 수학 선생님은 션을

수학 연구팀 구성원으로 뽑았습니다.

션이 다닌 학교는 영국 황태자가 다녔던 학교로 역사가

깊은 사립학교입니다.

할아버지가 다녔고,

아버지가 다녔고, 손자가 다니는 전통이 깊은 학교입니다.

션은 졸업 후 후배들에게 선물을 하나 남기고 왔습니다.

매년 집안 형편이 어려운 후배들에게 '션과 데니얼'의 이름으로

장학금 기부를 합니다.

장남 선은 어릴 때부터 조용하고,

늘 진중하여 때론 제 마음이 늘 아팠습니다.

어린이면 어린이답게, 넘어지고, 깨지고, 심통도 부리고,

투정도 하며, 울기도 하고, 짜증도 내야 어린이에 가깝다고

생각을 가끔씩 했거든요.

항상 조용하고,

혼자 참아 내며 모든 것을 감수하며 살아가는 모습을 보는

엄마는 늘 좋은 마음 100%가 아니었습니다.

어린이 때의 누리는 감정 표출의 자유를 억누르는 것은 아닐까요?

그러나, 타고난 성격으로 형성되는 지금의 온화한 성품이라는

것입니다.

양육과 성장 과정에서 알게 되었습니다.

걱정하지 않아도 된다는 사실입니다.

전교생들에게 마술사가 되어

새로운 이벤트로 전교생을 놀라게 했던

큰아이의 즐거운 창의력의 대범한 아이디어는

새로운 기쁨을 주었습니다.

자녀가 재능 발휘를 할 때는 적극적으로 도와주고 기다려 줘야 합니다.

아이의 재능을 잘 펼칠 수 있도록 여건을 만들어 주며 응원해 주십시오.

학교에서도 사랑을 듬뿍받길 바라며 자녀의 모든 것을 기록하세요.

열심히 노력하며 행복하게 자라는 자녀의 성장 일기는

미래에 부모와 자녀에게 함께 즐거운 시간들을 선물해 줍니다.

추억 속에서 부모와 자녀가 함께 성장한 최고의 추억이

되는 기억들입니다.

아이가 타고난 소질이 무엇인지,

부모가 관심을 갖고 자녀의 참모습을 발견합니다.

자녀의 미래가 결정되는 중요한 자료가 됩니다.

예술인으로 자란 두 아이는 세계 속의 일원이 되어

행복하고 마음껏 자신의 소질을 개발하고 있습니다.

창의력이 뛰어난 자녀는 자존감도 많이 자라게 됩니다.

타고난 소질과 새로운 환경에 의해 멋지게 발달시킬 수 있습니다.

후천적인 환경에 의해서 자라면서 늦게 나타나는

경우도 종종 볼 수가 있습니다.

긍정적이고 행복한 사람들의 창의력이 높다는 연구도 나와 있습니다.

호기심이 가득한 눈으로 모든 사물을 바라보는

후천적인 능력으로 발달된다는 연구입니다.

노력을 하면 창의력도 발전시킬 수 있다는 연구도 나와 있습니다.

창의력은 도전과 노력입니다.

결국 AI와 맞서는 것은 인간의 자존심인 창의력입니다.

상품으로 만들어진 인공지능과

성스러운 인간의 지능을 비교해서는 안 되지만,

우리 인간도 우리의 뇌를 아직 모두 다 알아내지 못했습니다.

AI가 어디까지 발달을 할지 예측은 할 수 없으나

분명 세상을 뒤엎고 시대의 판은 바뀝니다.

네이버 하이클로바 X가

2023년 8월 26일, 세상 밖으로 오픈 공개합니다.

기대됩니다.

자존감을 살리는 자녀 교육 5C 법칙 3.

협력 속에 성장하는 자존감(Cooperation)

공동체의 의식을 어려서부터 늘 키워 주십시오.
함께라는 의식을 심어 주면 됩니다.
형제들과의 협력을 가르치는 좋은 방법이 있습니다.
믿음, 신뢰, 책임감이 포함되며, 협력을 하려면
개인의 가치를 인정받는다고 생각하게 하십시오.

협력, 창의력, 자녀 교육의 골든 타임을 잡으세요.
스마트한 협력은 리더로 성장시켜 줍니다.
현대는 초연결 시대입니다.

'자녀의 학년이 부모의 학년이다'라는 말이 있습니다.

자녀와 대화는 소통을 위한 행복한 대화 화법의 기초

배경으로 생각하시면 좋습니다.

협력을 바탕으로 소통하며 자녀의 자존감을 높여 주세요.

왜 내면이 단단한 자녀가 협력 놀이를 잘할까요?

자녀들이 잘 자라나서 행복한 삶을 살아가기 위해서는

내 자녀만이 아닌, 모든 자녀들이 함께 잘 자라서

모두가 행복한 삶을 위한 목표가 되어야 합니다.

자존감이 높은 자녀는 내면이 튼튼하고 건강하며 단단합니다.

창의적이며 협업 능력이 뛰어난 아이들의 특징으로

등 돌린 친구도 내 편으로 만드는 재주가 있으며

서로의 의견이 다르다 해도 다름을 인정하고,

협력을 잘하는 아이는 승부욕이 아닌 관계를 중요시하며 집중

을 합니다.

협력 속에서 키운 단단한 아이의 자존감이 높은 아이는

아무리 어려운 상황에서도 포기하지 않고

문제 해결 능력이 뛰어납니다.

친구의 장점을 찾아 주고 칭찬도 아끼지 않습니다.

상대의 감정을 이해하고 모든 것을 대화로 해결하며,

상대의 말에 경청하고 모든 것을 수용해 줍니다.

긍정의 마음을 지녔습니다.

자존감이 높으면 교만하지도 않을 뿐더러 자신만의

착각에도 빠지지 않습니다.

자존감은 마음속에 사랑이라는 고귀한 힘이 생겨날 때

자연스럽게 나타나는 마음의 태도이기 때문입니다.

이 모든 감정과 생각들이 긍정적으로 행동하고 마음을 편할 때

수용하며 마음을 타인에게 배려하는 마음의 소유자가 됩니다.

곧, 자존감이 높은 사람입니다.

협력놀이를 잘하는 아이가 대부분 자존감이 높습니다.

세상을 배우며 잘 어울리는 마음으로 잘 자랍니다.

협력 놀이로 세상과 잘 어울리는 자녀로 키우는 방법 📱

1. 협력을 잘하는 자녀는 작은 위험을 감수하는 대범한 아이로 자라고 자존감을 높여 준다.

2. 일반적인 아이보다 좀 더 다르게 생각하는 자녀로 키운다.

3. 협력을 잘하는 자녀로 키워야 자신의 미래에 많은 도움을 준다.

4. 남을 칭찬할 줄 알고 남과 다름을 아는 자녀로 키운다.

5. 세상 속에 잘 어울리는, 사회 구성원으로서 협력의 중요성을 알려 준다.

6. 협력을 잘하는 자녀는 문제 해결 능력도 뛰어나다.

7. 긍정적이며 세상을 다르게 바라보도록 한다.

8. 자녀가 스스로 생각하며 움직이며 행동하는 그것이 협력이다.

9. 협력 놀이를 하면서 타인을 배려하는 법을 배운다.

10. 내가 양보도 하고 타인과 다름을 인정, 수용, 적용할 줄 알게 한다.

11. 좋은 자존감 형성에 큰 영향을 준다.

협력이란?

배려해 주며 도움을 주면서 함께 이뤄 가는 과정입니다.

나의 가치를 인정할 줄 아는 사람이 협력을 잘합니다.

내 가치가 전달되어 그 가치가 좋은 영향으로 타인과 함께

도움을 주는 행위입니다.

협력은 축구입니다.

협력은 약속입니다.

상대를 배려하고 존중하는 마인드를 뒷받침되게 하는 것입니다.

여러 사람이 함께 모여서 하나의 목표를 이뤄 내는 과정입니다.

위기를 기회로 만드는 힘입니다.

함께 같이 누리는 것입니다.

사람과 사람이 함께하는 것이기에 협력은 함께라는 의미가 큽니다.

'줄탁동시'입니다(병아리가 껍질을 깨고 나올 때 어미닭이 도와주는 것을 의미).

1. 축구다

각각 선수들이 모여서 자신의 포지션을 충실히 해내는

역할 분담이 모여 이뤄 내는 한 가지 목표를 향해 나가는 것

2. 태도다

협력을 위한 태도의 관점의 변화에 대한 노력이 수반되어야

협력이라는 구호가 단순한 외침으로 되지 않고 협력이 된다.

3. 약속이다

약속은 혼자 할 수 없듯이 여러 사람이 함께 이룰 수 있습니다.

신뢰와 믿음을 바탕으로 한 약속을 책임감 있게 지켜

나가는 것을 의미합니다.

4. 협력이란 배려와 과정이다

나의 가치를 인정하는 것입니다. 내 가치를 전달되어 그 가치가

좋은 영향을 끼치게 하는 것입니다.

5. 오케스트라다

하나의 곡을 위하여 많은 연주자들이 함께 협력하는 것입니다.

협력은 많은 단어로 표현할 수가 있습니다.

자녀들에게 협력의 가치를 알려 주는 것은

믿음, 신뢰, 과정, 배려, 함께, 약속, 책임감을 갖게 하는

종합적 의미로 자녀의 자존감을 올리고

성장 과정에서 정말 경험이 꼭 필요한 가치입니다.

요즘 핵가족 시대에 각 가정 안에 형제가 많지 않습니다.

학교나 교회 등 단체에서 활동할 때 협력은 정말 필요합니다.

자녀들에게 협력의 기회를 많이 주어 협력 속에서

성장하는 가치가 자존감을 높여 주는 데

큰 기여를 하게 합니다.

1. 호모사피엔스의 협력

아주 오래전,

7만 년 전 호모사피엔스의 협력을 이끌어 낸,

그림과 모닥불로 협력을 이끌어 낸 지혜로운 비결을

우리 인간은 추측해 봅니다.

언어도 정착되지 않았을 때이며,

문자가 만들어지지 않은 시대에 리더의 생각으로 이뤄진

다른 사람들과 대화를 나누기 위한 중간 매개체가

바로 모닥불입니다.

그리고 한 가지는 그림으로 의사 전달 방법을 사용하여 대화를
했습니다.

그림과 모닥불은 협력을 하며 대화하는 데 큰 역할을 했습니다.

모닥불과 협력 탄생

모닥불을 피우면 주변에 사람들이 모이게 됩니다.

멀리 가면 춥고 가까이에 있으면 뜨거워서

사람들이 같은 간격을 두고 주변에 앉아서 안과 밖을 구별할 수

있는 체계를 만든 이론입니다.

사람들의 시선을 한쪽으로 모을 수 있었다는 협력의 힘을

오래전 시대에서도 만들 줄 알았던 것입니다.

사람들의 마음을 한쪽에 모아 놓고

또 다른 공간에 상상을 하게 했던 협력의 비결이었던 것입니다.

인간이 가진 강력한 힘 & 사회적 협력

우리 인간의 종이 가진 가장 강력한 힘은 '사회적 협력'입니다.

그것은 우리가 할 수 있는 일들 중 가장 중요한 것입니다.

1대 1의 동물과 인간을 비교한다면 별 차이 없습니다.

하지만, 천 마리의 원숭이와 천 명의 사람과 비교를 한다면
사람이 쉽게 무찌를 수가 있습니다.
왜냐하면, 천 마리의 원숭이는 협력을 모르기 때문입니다.

우리 인간은,
사회성, 소통 능력으로 숫자를 아는 많은 인간들이 협력을 할
수 있었으며,
그 덕분에 인간은 이 멋진 인간 세상을 정복한 것입니다.

자녀 교육으로 사회성 기르기 방법인 '협력'은 매우 중요합니다.
협력을 알고 협력을 잘하게 된다면 사회성과 소통 능력이 생기
면서
자녀의 자존감을 높이는 효과가 생깁니다.
자녀의 자존감은 협력하는 사이에서 잘 자라게 되는 것입니다.
그리고 계속 발전하게 됩니다.

2. 스티브 잡스의 애플은 협력 회사, 팀워크다.

애플은 믿을 수 없을 정도로 협력 회사입니다.
애플 회사의 위원회의 숫자는 제로(0)입니다. 처음엔 놀랐어요.

스타트업처럼 조직으로 되어 있으며

개인의 존중 속에 좋은 안건을 내는 직원들도 있습니다.

한 사람은 아이폰 OS 소프트웨어를,

한 사람은 맥 하드웨어를,

한 사람은 아이폰 하드웨어 기술을,

또 한 사람은 전 세계 마케팅을 맡았습니다.

다른 한 사람은 운영을 담당합니다.

애플은 지구상에서 가장 큰 스타트업입니다.

일주일에 1번 3시간씩 만나 모든 일을 토론으로 협력과 소통을

하는 회사입니다.

모두 사업 전반에 관하여 이야기를 나누는 정도의 회사 분위기

입니다.

그리고 회사 경영진 사이의 엄청난 팀워크는

회사 전체의 팀워크로 시작합니다.

팀워크란?

다른 사람을 항상 감시하지 않고 각자 맡은

역할을 약속대로 수행할 것이라고 신뢰하는 것을 말합니다.

정말 모두가 잘하고 있으며, 어떻게 훌륭한 팀들로 나눌지
파악하여 모두 같은 목표를 위하여 자주 의논하여
하나의 제품으로 만들어 내는 애플 회사의 내부 구조였습니다.

정말 모두가 잘해 내고,
스티브 잡스는 팀과 만나 아이디어를 내며,
문제를 해결하여 새로운 상품과 새로운 마케팅
전략을 짜는 것만 합니다.
훌륭한 사람을 고용해서 그들이 떠나지 않게 하려면
그들이 많은 결정을 내릴수 있도록 하고 계급이 아닌
아이디어에 의하여 운영되도록 해야 한다고,
스티브 잡스는 말을 했습니다.

최고의 아이디어에 의하여 운영되지 않으면 회사에
머물지 않고 사람들은 떠난다고 한다
- 스티브 잡스의 인터뷰

스티브 잡스가 말하는 애플의 협력은 새로운 제품이

나오기까지의 아이디어의 협력으로 완성되는 애플입니다.
각각 한 사람 한 사람이 맡은 파트만을 담당하고
생성하여 나오는 좋은 제품들은 애플의 협력 구조인
팀워크의 결과가 됩니다.

협력은 정말 중요한 가치의 교육입니다.

팀워크와 리더의 중요성을 알고 있는 애플의
팀워크 협력 체계처럼 이미 성공의 준비와 성공을
위한 협력 체계였다는 것이죠.

애플이 전 세계에서 제품의 인기가 많고
많은 소비자들이 있는 이유를 충분히 이해한 것 같습니다.
팀워크 시스템이 정말 잘 만들어진 애플사입니다.
스티브 잡스가 살아 있다면 더 많은 변화를
볼 수 있었을 듯해서 아쉬운 마음입니다.

애플사처럼 아예 처음부터 협력과 '파트너십'의
체계가 있는 회사 시스템이 너무 놀랍고 과연 애플이구나 싶었
어요.

애플처럼 이렇게 하는 시스템이 바로 파트너십으로 운영되는
팀워크 회사입니다.

그렇다면 자녀에게 '협력 속에 성장하는 자존감'을
키워 주려면 어떻게 하면 좋을까요?

우리의 가족과 함께 얼마든지 협력을 배울 수가 있습니다.
부모의 관심으로 자녀에게 협력을 배우도록 관심과 관찰입니다.
형제 자매가 구성원이 되어 주어 서로가
협력을 함께 배우면 더욱 좋습니다.

자녀가 협력에서 배우는 것은,
'배려'입니다,
그리고 '감동'입니다.
자존감의 만족으로 최종적으로 협력의 결론은 아주 행복합니다.

자존감을 살리는 자녀 교육 5C 법칙 4.

소통하며 성숙되는 자존감(Communicate)

문송란의 tip

자녀와 좋은 장소에서 데이트하며 소통해 보세요.
일대일로 데이트 약속 후 자녀와 소통은 정말 가치가 있습니다.
자녀의 깊은 마음속 이야기를 꺼낼 수 있는 시간과 차별화된
공간에서의 소통은 정말 행복하고 자존감을 올려 줍니다.

소통이란? 함께하는 것입니다.
그리고 공감하는 것입니다.
들어 주고, 주고받는 것입니다.
결국 소통도 협력 안에서 이뤄집니다.

'소통은 존중과 배려에서 이뤄진다.'

존중에 대한 욕구는 모두가 바라는 것입니다.
신세대는 내가 존중받고 있는지에 아주 민감합니다.

2018년 삼성경제연구소의 설문 결과지에 따르면,
'나를 존중해 주지 않은 상사하고는 일할 수 없나'에

기성세대는 62%나 동의했고,
83년 이후 출생한 신세대는 78%나 동의를 했습니다.

존중받지 못한 직원은 자존감이 떨어지고
업무 효율은 물론 조직에 대한 애착마저도 감소하게 됩니다.
자존감은 소통과 밀접한 관계가 있습니다.

'소통은 공감에서 시작하는 것이다.'

A라는 회사에서 "소통 몰입도 향상을 위하여 선배님께

기대하는 점은 무엇인가요?"라는 질문을 했습니다.

그런데 48%의 직원들의 답은

'존중과 배려'를 더 신경 써 달라는 것이었죠.

문제는 나의 방식대로 상대방을 대한다는 것이

신세대들의 의견이었습니다.

'존중의 실천을 어떻게 해야 할까요?'

인격 존중, 의견 존중, 사생활 존중

이 3가지를 모두 적용해야 존중이라고 주장합니다.

'소통은 관계입니다.'

'소통하는 방법은 곧 관계를 맺는 방법이다.'

사회구조상 대부분의 사람들이

정확한 소통의 방법을 잘 모릅니다.

사회 초년생이 되면 취업을 통해서 소통의 세계와 마주합니다.

소통이 필요한 새로운 상황과 마주치며,

동료와의 관계, 상사와의 관계의 소통을 해야 합니다.

소통은, 인지 단계를 맞이합니다.

표현 단계와 부딪히게 됩니다.

인지 단계에서 감정과 욕구를 잘 다뤄야

표현을 잘할 수 있습니다.

그래서, 표현은 아주 중요합니다.

표현은 매우 중요한 수단입니다.

표현으로 인하여 상황이 달라집니다.

언어 능력과 소통 능력은 별개입니다.

소통 능력은 언어를 가지고 사용한 표현으로 잘 전달한 후

관계를 잘 맺는 능력입니다.

불통은 마음의 연결이 안 된 경우입니다.

소통이 잘 되게 하려면 무엇을 알아야 할까요?

소통은 '마음의 연결'입니다.

마음의 연결이 중요한 이유는 상대방도

내 마음을 알아줘야 하기 때문이죠.

나도 상대의 말을 들어 주고, 이해하려는 해석 능력을

발휘하게 되는 것입니다.

사람들은 소통을 하면서도

인정받고 확인하고 공감을 받고 싶어 합니다.

소통을 잘하는 사람의 표현 특징은,

사람의 마음을 잘 연결해 주고,

상대의 마음을 잘 알아주는 표현의 말을 사용합니다.

소통을 잘하려면 표현 후 조율 단계를 거친 후에

소통이 되는 것을 말합니다.

소통은 감정에 치우치면 안 됩니다.

때로는 거절도 하고, 부탁도 해야 하기 때문입니다.

소통하는 기러기의 여정

소통하며 날아가는 기러기들의 여정

지구 한 바퀴를 돌 만큼의 거리(40,000km)를 동료들과
열심히 날아갑니다.

리더 기러기는 앞장서서 마냥 날아서 날고 날고
또 날아갑니다.
힘든 여정 속에서 더 이상 날아가지 못하고,
낙오자 기러기가 생기면 몇 마리의 기러기들은
낙오자의 기러기와 함께 땅으로 내려갑니다.

그 낙오된 기러기가 아프면 나을 때까지 기다려 주고,
사망하게 되면 사후 처리를 모두 마친 후 친구들에게
찾아가는 감동의 '기러기 여정' 소통 방법은 너무 감동입니다.

소통하며 함께 살아가는 기러기들의 여정과 함께
리더하는 기러기가 지치지 않도록 동료들은
계속 울음으로 소리를 내어 응원하며 목적지까지
잘 도착하도록 '소통'을 하며 힘을 보태 줍니다.
소통하며 날아가는 기러기들의 '소통 방법의 여정'이
눈물 나도록 감동을 줍니다.

행복한 가족과 함께 대화를 나누고

자녀가 함께 세상을 헤쳐 나가는 것도

'기러기의 여정'과 같은 맥락입니다.

자녀와 부모는 '함께 걷는 인생'입니다.

결국, 행복한 가족 대화법은, 소통이고

소통을 잘하기 위한 화법은

자녀와 가까워지는 화법입니다.

가족끼리의 소통은 곧 '마음의 연결'입니다.

원활한 소통은, '행복한 가족의 대화'를 돕는

최고의 방법입니다.

개인과 조직의 영원한 화두가 바로 '소통'입니다.

소통을 잘하기 위한 노력과 훈련이 된다면

나를 변화시킬 수 있습니다.

지금은, 몰라서 버티고 살아가는 시대는 없습니다.

스스로 공부하고, 노력하여, 소통하는 법을

받아들이고, 마음을 열어 자신과 소통하는

나와 경쟁하십시오. 자신의 발전을 위해서입니다.

소통이란?

공감을 일으키는 자신을 사랑하는 철학입니다.

자녀들이 성장하면서 학교 교육과 가정교육을

통해서 습득하고 체험하여 행복한 가족 대화를 위하여

부모가 자녀에게 좋은 질문을 합니다.

좋은 질문은 생각하게 합니다.

정답을 위한 질문이 아닌 해답을 찾기 위한

질문을 해야 합니다

좋은 질문은 어떻게 해야 하나요?

우호적인 질문을 합니다.

구체적으로 질문을 합니다.

네가 하는 일 중 가장 좋아하는 세 가지가 뭐니?

생산적으로 질문을 합니다.

원인을 발견하고,

문제를 해결하고,

대안을 찾고, 정보를 수집하는 등 새로운 방법과

관점을 제시해 줍니다.

창의적인 질문도 좋습니다.

위대한 질문을 해야 합니다.

질문 하나가 인생을 결정할 수도 있으니까요!

모든 사실,

모든 현상,

모든 법칙에 호기심을 가지고 상식을 벗어나는 질문은,

자녀들에게 창의적인 생각을 하게 하는 좋은 질문입니다.

부모와 자녀도 신뢰감이 쌓여야 소통이 쉬워집니다.

반영하고, 격려하고, 인정하고, 선택과 변화,

수용과 포용으로 대화를 해야 합니다.

우주 안에서 유일한 존재는 부모입니다.

공감 능력은 소통을 원활하게 합니다.

소통은 세상의 연결 고리이고,

공감은 소통입니다.

부모는 부모대로,

자녀는 자녀대로,

행복한 가족 대화법으로 '소통'은 꽃입니다.

소통이 모든 것을 원만하게 만듭니다.

유대인의 가정교육 핵심 '하브루타 대화법'

'네 생각은 어때?'

'왜 그렇게 생각하니?'

자녀가 스스로 생각하여 답을 하도록 합니다.

생각은 말이 되고, 말은 행동을 바꾸는 것입니다.

잔소리가 필요 없고 화내지 않아도

자녀의 행동이 저절로 바뀌는 대화법입니다.

좋은 질문은,

자녀가 생각하며 답하게 하고 생각의 지평을 확장해 줍니다.

대화로 소통을 하면서 자녀의 창의력과

자아실현의 욕구를 자극해 줍니다.

대화로 소통을 하며 배려와 타협의 정신으로

자존감을 높여 줍니다.

소통을 잘하려면 먼저

사랑과 공감, 관심으로 자녀와 소통을 합니다.

인정과 칭찬, 일관성으로 자녀가 잘할 수 있을 때까지

기다려 줍니다.

소통을 잘하는 부모는,

자녀의 실수에 대해 혼을 내지 않습니다.

훈육으로 쉽게 설명을 하여 대화로 소통을 합니다.

자녀와의 규칙을 정하고 꼭 지키도록 합니다.

자녀에게 좋은 환경은 무엇보다,

부모가 자녀의 마음을 이해해 주는 것입니다.

공감해 주며 감정을 안전하게 나눌 수 있는

대화와 의사소통이 중요합니다.

자녀와 의사소통, 부모의 자세

자녀가 언제든지 하고 싶은 말을 부모에게
할 수 있다는 믿음과 신뢰를 주도록 하세요.
부모는 항상 자녀의 말을 경청해 주세요.

자녀가 말을 하려고 할 때 하던 일을 멈추고
자녀의 말에 집중해 주세요.
만약 당장 대화가 힘들면 다른 시간으로 약속해 주세요.

자녀에게 중요한 것은 자녀의 '자존감'입니다.
자존감은 인생에 큰 힘으로 작용합니다.
모든 것의 토대가 자존감입니다.

AI 시대에 경쟁해야 할 것은, 자녀의 인성과 자존감입니다.
AI 시대에 자녀를 위한 교육은, 자생력을 키우는 교육입니다.
AI가 따라올 수 없는 것은, 인간의 감성과 창의력입니다.
AI 시대에 교육의 본질은, 내 자녀가 스스로 살아가는 힘입니다.
인간의 감성적 창의성은, AI인 인공지능 기계와 차별화됩니다.

인간의 본성인 감성은,

통합하고 연결하는 창의성을 합한 개념입니다.

통찰력 있는 창의성,

통찰력 있는 융합과 지도력을 기를 수 있습니다.

인간만의 감성적 창의성은 특별한 것입니다.

가족은 나에게 어떤 존재일까?

가족이란?

혈연관계인 피를 나눈 사이입니다.

내 삶의 큰 부분을 채워 주는 귀한 존재입니다.

아빠 엄마가 같은 사랑하는 사이입니다.

늘 함께 연결된 사이입니다.

힘들 때 서로 도움을 주는 사이입니다.

장기를 서로 나눌 수 있는 사이입니다.

혈연관계이기에 유전자를 공유하는 사이입니다.

피로 연결된 아주 가까운 사이입니다.

태어나서 인격이 형성되는 시기에 함께 살아가는 사이입니다.

모든 의식주를 함께 공유하는 사이입니다.

가족은 성장과 발달에 큰 영향을 주는 사이입니다.

부모는 자녀에게 가장 소중한 존재입니다.

자녀들에게 부모는 어떤 존재일까?

자식에게 생명을 선물해 주신 부모입니다.

태어나자마자 모든 것을 책임으로 키워 주신 분이 부모입니다.

잘 자라도록 모든 것을 준비해 주신 분이 부모입니다.

자녀에게 생명이자 생존의 이유가 바로 우리 부모입니다.

자녀에게 광활한 우주가 바로 부모입니다.

안전하게 해 주시는 분이 부모입니다.

사랑으로 생명을 지켜 주시는 분이 부모입니다.

존중받도록 사랑해 주시는 분이 부모입니다.

신뢰를 받도록 행복하게 키워 주시는 분이 부모입니다.

편하게 믿음 안에서 자랄 수 있게 해 주시는 분이 부모입니다.

자식과 부모는 상호작용이 필요한 관계입니다.

부모의 본능은 자녀를 사랑으로 잘 키우는 것입니다.

자식에게 하는 사랑은 조건 없는 사랑입니다.

자녀란?(무조건적 사랑의 혈연관계)

부모가 주는 조건 없는 사랑을 받으며 자랍니다.

부모의 사랑으로 자란 자녀는

안정감이 있는 자녀로 잘 자랍니다.

부모의 사랑을 받지 못하고 자란 자녀는 늘 불안합니다.

부모와 같이 있어도 불안함을 느끼는 자녀로 자랍니다.

준비된 부모의 사랑을 먹고 자란 자녀가 안정되게 잘 자랍니다.

부부 사이란?(감정적 소통의 관계)

혈연관계가 아닙니다.

사랑을 전제로 맺어진 인연입니다.

우리가 스스로 만나서 결혼을 하게 된 사이입니다.

본인 자신의 의지로 결정한 결혼을 한 사이입니다.

자녀가 짝을 찾아 떠나도 함께 곁에 있는 사이입니다.

두 사람은 독점적인 사랑으로 이어진

남여의 사랑하는 사이입니다.

두 사람의 사랑은 두 사람만이 나눌 수 있습니다.

두 사람의 사랑은 유일한 사랑의 사이입니다.

지식으로 연결된 사이가 아닌 마음으로 연결되는 사이입니다.

마음과 마음 안에 감정으로 소통하는 사이입니다.

소통이 안 되면 답답하게 생각되는 사이입니다.

소통에 문제가 생기면 섭섭한 사이입니다.

감정과 감정 사이에 불통이면 화가 나고, 미

워도 하는 사이입니다.

감정의 소통으로 불통이 되지 않게 하며

서로 존중하는 사이입니다.

서로에게 예의를 지키고 내가 주는 사랑에 이유를 달지

말아야 하는 사이입니다.

사랑으로 만난 사이이기에

사랑으로 이겨 내야 하는 사이입니다.

권태기를 잘 넘겨야 하고 부부 간에 가장 중요한 것은 소통입니다.

권태기는 곧 불통이 됩니다.

감정적 소통에 불통으로 힘든 마음을 부부는 원활한 소통을 위하여 노력해야 하는 사이입니다.

감정의 소통이란?

몸에 어떤 감정이 이입되면서 나타나는 자극이 감정입니다.

신생아에게 아빠가 혼을 내는 목소리로 들려준 순간
아기의 반응은 금방이라도 울음이 터질 듯이 표정을 찡그리며
울먹거리는 모습을 볼 수 있습니다.
아빠의 혼내는 목소리는 작은 아기의 몸에 자극이 되었고,
자극을 받은 아기의 울먹거리는 반응이
곧 감정이라는 것입니다.

우리는 여러 가지 감정이 상황에 따라 표현되지만,
사랑을 전제로 한 자녀에게 대하는 태도는

가장 중요한 감정의 표현 의도입니다.

소통의 가장 중요한 것은 감정의 표현과 처리입니다.

부모는 본능적으로 자녀를 마음 깊이 사랑합니다.
사랑을 전제로 하는 말과 행동으로 감정을 표현합니다.
부모가 표현한 진정한 의미를 자녀는 잘 알아차리지 못합니다.

하지만 가족이란,
가장 가까운 사람에게 나의 힘든 마음을
털어놓습니다.
자녀가 그렇고,
부부도 그렇습니다.
공감과 위로를 받고자 감정을 솔직하게
가족에게 털어놓는 이유입니다.
가족은 가장 가까운 사람에게
마음을 털어놓는다는 것을 기억하십시오.
가족은 감정적 관계이기 때문입니다.
마음과 마음이 서로 교감을 하고 연결하며 살아가는 관계입니다.
가족의 성향을 빨리 파악해야 싸우지 않고 살아갈 수 있습니다.

가족끼리 행복한 대화법으로 제시한 가치와

자존감 형성을 위하여

모든 것들을 잘 갖추도록 하는 중요한

성공의 열쇠는

'부모의 마음과 태도입니다.'

부모는 우주입니다.

자녀와 소통의 대화가 잘 통하려면

부모는 자녀의 모든 것을 잘 파악해야 합니다.

자녀에게 충분한 설명으로 행복한 시간을 만드십시오.

그래야 부모와 편안하고 행복한 대화를 나누게 됩니다.

자존감을 살리는 자녀 교육 5C 법칙 5.

통합하는 참여의 자존감(Combine)

융합은, 녹여내는 것입니다.

통합 교육입니다.

현대는, 파트너십의 초융합 시대입니다.

현대는 우리가 살아가고 있는 제4차 산업혁명 시대입니다.

학교 교육부터 모두 변하고 있습니다.

무엇이 되고 싶으며,

무엇을 해야 하는지,

무엇을 갖고 싶은지 정확하게 결정하는 시대입니다.

초지능 시대, 초연결 시대,

초융합 시대의 여러 가지 지식과 기술이 하나가 되는 세상에서,

다양한 지식이 하나가 되는 것을 말하며,

학교 교육이 초융합적 사고력을 함양시키는 데 중심이 되어

혁신된 융합 교육으로 교육이 이뤄져야 합니다.

미래 사회를 살아가는 자녀 세대들은

초융합 속에서 자존감을 성장시켜야 합니다.

중요한 포인트는,

미래 사회에는 학생 개개인이 주체가 되기 때문입니다.

개개인이 영향력을 미치는 세상이 되고 있습니다.

유연한 사고와 창의력을 발휘하기 위하여 다양한 내용으로

통합하여 접근해야 하는 시대입니다.

4차 산업혁명에는 초융합이라는 소프트웨어가 있습니다.

다양한 문제를 창의적이고 효율적으로 해결하는
컴퓨팅 사고력(Computational Thinking)을 바탕으로
실생활의 문제 해결력이 목표가 되는 시대입니다.

자녀의 교육 기간은 생각보다 길고 예측불허입니다.
장기적인 안목으로 계획을 세워야 하는 세계입니다.
부모와 자녀가 줄탁동시(아이가 알을 깨고 나오도록 부모가
밖에서 도움을 준다)를 해야 합니다.

현대는, 부모와, 교사와, 자녀 모두 상호 협력을 하는
초융합 교육의 시대입니다.
부모는 감독자가 아닌 안내자이며,
기다려 주고 인내해 줘야 합니다.

우리는 자기실현을 통해서 완전한 인간이 되는 것은 아니다.
온전한 인간이 되는 것이다.
우리에게 있어서 끝없는 무의식,
즉 자기 앞에서 자아가 취해야 할
겸허하고 겸손한 마음 자세가 매우 중요하다

- 융

지금은,

사람이 태어나서 혼자 살아갈 수 없는 사회적 구조입니다.

함께하는 혁신을 위하여 파트너십이 필요한 융복합 시대입니다.

통합적인 사고가 필한 시대입니다.

문제 분석하기,

패턴과 규칙 파악하기,

알고리즘 만들기를

통해 통합적으로 사고를 하는 시대입니다.

한 아이를 기르는 데는 온 마을이 필요하다.

- 아프리카 속담

한 사람의 바른 성장을 위해서 가정과 사회의

초융합의 역할이 필요하다는 의미입니다.

특히 가정은 자녀가 태어나 자라며 인격 형성의 발달에

지대한 영향을 미치는 발판이 됩니다.

요즈음 학교나 사회 흐름은

바른 인성, 도덕성 약화로 사회교육을

강화해야 하는 시대입니다.

"부모의 인성은 곧 자녀의 인성입니다."

인성교육의 중요성을 인식한 최근에는
인성교육의 가장 중요한 시작점이 가정이라고
규정짓는 조언을 합니다.

덴마크 자녀 교육은 시작에서 끝까지 초융합 교육

'세계에서 가장 행복한 나라로 선정된 덴마크.'
UN에서 발표한 덴마크 국민의 행복 지수는 매년 상위권입니다.
2020년 OECD 발표 기준 덴마크는 3위,
한국은 50위를 기록했습니다.

행복 지수의 상위권이 되는 원리는 단순합니다.

덴마크인들의 자녀 교육 방식에 해답이 있습니다.
부모가 하는 자녀 교육을 정서적으로 받고 자란 자녀가 대물림
을 합니다.
자녀 교육을 그다음 세대에도 같은 비법 전수에 답이 있습니다.

1. 아이들을 그냥 놀게 합니다

자녀가 놀고 싶고 원하는 만큼 놀게 합니다.

그냥 놀게 하는 것이 덴마크 육아법의 핵심입니다.

학교에서 교육방식은 학년과 상관 없이 전 학년 모두 놀이로 학습합니다.

과학자들의 동물 놀이 실험을 통해 덴마크의 학습 방법의 핵심을 알 수 있습니다.

놀이가 중요한 스트레스 해소 역할을 하며 자녀의 마음을 단단하게 합니다.

놀이 중에서 쫓고 쫓기는 놀이라면 스트레스가 유발됩니다.

그런데 차츰 조절하는 능력이 높아졌습니다.

특히 놀이기구에서 스스로 혼자 대처하는 능력을 깨닫게 됩니다.

자녀는 놀이를 통해 성장하며 많은 것을 얻어 냅니다.

2. 덴마크 부모는 솔직합니다

부모가 감정을 속이면 자녀에게 보내는 가장 위험한 메시지가 됩니다.

아이는 부모가 자신의 롤 모델이기 때문입니다.

그대로 보고 따라 하며 살아갑니다.

만약 야구장을 좋아해서 아빠랑 어릴 적에 자주 야구장에 갔다면 자녀는 분명히 본인도 어느새 야구장에 다니고 있을 겁니다.

자녀에게 가장 좋은 것은 부모의 솔직한 감정 표현입니다.

자녀가 두렵고, 어려운 상황을 마주할 때 부모의 어린 시절 경험을 들려줍니다.

"엄마도 친구랑 싸웠을 때 화나고 속상했어!" 하고 말해 줍니다.

그럼 자녀는 자신의 화나고, 두렵고, 슬픈 감정을 자연스럽게 처리하는 법을 배우며 성장하며 깨닫게 됩니다.

책을 읽어 줄 때도 여러 종류의 다양한 동화를 읽어 줍니다.

감정의 다양한 이야기 속에서 많은 것을 배우기 때문입니다.

덴마크 부모는 자녀와 마음을 터놓고 이야기합니다.

칭찬도 솔직하게 하고 절대 과하게 칭찬하지 않습니다.

자칫 칭찬이 과하면 타인의 만족을 위해서 자녀가 행동하려고 합니다.

어떤 행동의 결과를 가지고 왔을 때 덴마크 부모는 먼저 질문을 합니다.

100점을 맞아 오는 자녀에게도 칭찬보다 겸손을 배우도록 하는데 질문으로 자녀의 성장을 돕습니다.

"너에게 너무 쉬운 문제만 나왔구나!
다음엔 더 어려운 문제가 나오면 좋겠다."

미래에 더 잘할 수 있을 거란 내적인 힘을 자라도록 하는 것입니다.

우리가 자녀를 대할 때 해 줘야 하는 칭찬의 핵심입니다.

3. 덴마크 부모는 절대 체벌하지 않습니다.

1997년 아이들의 체벌이 금지가 되었습니다.

자녀에게 지켜야 하는 규칙을 정해 놓고 아이에게 쉽게 설명을 해 줍니다.

학교에서는 새 학기 때 담임과 학생들과 함께 학교 규칙을 정합니다.

예를 들어 떠드는 아이에게 반 전체가 일어나 박수를 쳐 줍니다.
떠든 아이 스스로 행동을 멈추게 하는 방식입니다.

부모의 일관된 행동은 매우 중요합니다.
특히 '행복한 가족 대화법'에서 강조한 자녀 교육의 핵심 포인트가 됩니다.

부모와 자녀의 관계도 초융합의 시작과 완성

신뢰와 사랑의 관계입니다.
부모와의 관계에서 모든 자아 정체성이 완성됩니다.
불량 청소년들은 대부분 근원이 가정의
불안정이라고 합니다.

궁극적인 목표는, 학생 스스로 문제를 정의하고
창의적인 아이디어로 문제를 해결해 나가는
창의적 설계 과정을 경험하게 하는 것입니다.

한마디로 현상에서 마주하는 상황들과 협력과
초융합이 필요한 시대 속에 인재로 성장시키는 것이 목표입니다.
협력 속에 창의력, 호기심으로 자신만의 다양한 경험과
성찰로 흥미롭게 세상을 살아가야 합니다.
실생활 문제를 명쾌하게
해결하는 좋은 자존감으로 성장시키는 것입니다.

부모의 인성 교육과 바른 태도

1. 부모의 언행일치 실행
2. 자녀를 존중과 배려
3. 자녀의 의견에 공감 시 바른 언어 사용

가정과 학교, 사회가 협력하여 초융합으로
학교나 교육 현장, 사회, 정부 차원의 인성교육과

학교 지식 교육의 균형을 이루는 교육 패러다임이
주목받아 청소년의 인성을 함양시킬 수 있습니다.

올바른 자녀 교육은 안정적인 가정환경에서 좌우합니다.

부모의 사랑과 관심이
자녀 성장과 안정된 인성에 도움을 주기에
자녀가 타고난 잠재 능력을 발휘하도록 해야 합니다.

부모는 자신들의 안정된 환경을 조성하고
가정 환경을 만들어 주는 것이 책임감이고 의무입니다.
좋은 부모가 되기 위하여 부부의 갈등을 없애고,
따뜻한 가정 환경을 조성해 줘야 합니다.

자녀 교육에 성공을 원한다면,
부부가 건강한 관계를 유지하십시오.

자녀 스스로 자기 일을 책임지는 것도 매우 중요합니다.
초융합으로 사회생활하도록 해 주시고,
노력을 중시하며 실패를 두려워하지 않도록 해 줍니다.

칭찬도 과한 표현을 피해 주십시오.

자녀가 생각을 많이 하도록 칭찬을 융합적인 질문 형식으로 하
십시오.

자녀가 평생 동안 갖추고 살아가야 할 마음으로

감사하는 마음,

기도하는 마음,

긍정의 마음으로 살아가도록 하는 것은 행복의 열쇠입니다.

"인, 의, 예, 지, 신."

이 우주의 모든 생명체가 살아가는 법칙인

인, 의, 예, 지, 신은 정말 중요합니다.

실험을 통해 알아낸 그 옛날 사람들의

인류 중에도 인, 의, 예, 지, 신의 도리를 알고 있었다고 합니다.

그 사람들이 실험하고 확신한 진리를 전해 준 가르침은,

우주 안에서 인, 의, 예, 지, 신으로 살아가게 되어

있다는 사실입니다.

눈에 보이지는 않지만,

우주 속 사물에 있는 진실을 투명하게

그대로 읽어 낸다고 합니다.

아름다운 그림을 관람하는 순간 '참 아름답다'라고

마음이 말을 할 때 이미 내 안에 우주에서의 신호를 주는

'미'에 대한 존재가 그대로 드러내는 결과일 뿐,

우리 몸에 모든 것이 잠재되어 있다가 표현되는 것입니다.

자녀에게서 부모 그리고 가정에서 성장한 융합으로 잠재된,

숨은 재능을 잘 발견해 보십시오.

자녀와 '함께 걷는 인생'에 행복한 대화를 하며

자녀와 아주 가까이에서 행복하게 삶을 잘 살아가야 합니다.

기쁨, 사랑, 자유, 행복, 웃음으로 가득 찬 내면의

행복이 진정한 가족 행복 대화법입니다.

자녀와 함께 영원히 '함께 걷는 인생'을

행복한 가족 대화 속에

의미 있는 삶으로 멋지게 이뤄 가시길 기원합니다.

제3장

행복한 가족 대화법 3
(함께 걷는 인생)

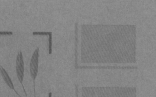

문송란의 '굿나잇 행복 가족 톡 데이트 타임' 1

1. 매일 저녁 '굿나잇 행복 가족 톡 데이트 타임'

2. 그날의 이슈에 대해 논의, 토론 대화의 시간

3. 이슈에 대한 칭찬의 박수와 축하와 뒤풀이 시간

4. 즐거운 대화 속에 웃고 행복한 대화

4. 아버지께서 진행, 질문

5. 현재 자녀의 일에 대해 상의, 의견 주고받기

6. 개인 일들의 진행 여부를 교류

7. 사랑을 담아 마음껏 응원

8. 아빠와 엄마는 먼저 퇴장, '사랑한다' 하트로 굿나잇

9. 자녀들끼리 하루 일들, 자신들의 고민,

　형과 아우의 사랑의 의리, 하루를 마무리함

10. 형제들의 우애를 위한 아빠 엄마의 최고의 선물 타임

문송란의 '굿나잇 행복 자녀 톡 데이트 타임' 2

하느님의 인생 비밀 과외

앞서 10가지 중의 9번부터는 자녀 톡 데이트 타임입니다.

자녀들끼리 자유 토론 '굿나잇 행복 자녀 톡 데이트 타임'

장점이 정말 많습니다.

형과 아우끼리 모든 대화가 이루어집니다.

매일 자기 전에 이루어지는 자녀들끼리의 대화는

하루의 일과를 마친 후에 차분한 시간에

하루를 정리하는 가족 톡입니다.

하루일과를 마치고

매일 저녁 자기 전 데이트 시간에 만나는

'굿나잇 행복 가족 톡 데이트 타임'은

우리 가족의 행복이자 자랑입니다.

최고의 삶의 가치입니다.

삶의 가치의 하루를 '굿나잇 행복 가족 톡 데이트 타임'으로
하루를 마무리한 후
매일 잠자리에 드는 행복한 우리 집의 풍경입니다.

가족이 함께 토론하고
나누고, 이야기를 하면서 웃고
사랑한다는 표현을 매일 합니다.
매일 하루에 한 번씩! 실천해 보십시오.
'행복한 가족 대화법의 비법'입니다.
자녀와 관계가 좋아지는 화법의 비밀 병기입니다.

기분 좋게 잠자리에 드는 우리 가족!
가족들이 해맑게 웃고 말하던 모습들이
가슴에 가득합니다.

사랑하는 가족 마음으로
하루 마감을 행복하게 합니다.
'굿나잇 가족 톡 데이트 타임'
'굿나잇 자녀 톡 데이트 타임' 비법으로
가족과의 갈등이 전혀 생기지 않습니다.

가족 모두가
하루를 행복하게 의논합니다.
무슨 고민이 있는지, 모두 해결됩니다.
가족에게 특별히 개인 비밀도 없습니다.
서로를 이해하는 데 필요한 좋은 시간이 되는
하느님의 특별한 '인생 비밀 과외' 시간입니다.

가족은 '함께 걷는 인생'입니다.
언제나 가족은 평화로워야 합니다.
가족은 함께하며 행복해야 합니다.

행복한 가족 대화의 소통 비법으로 최고입니다.
이것이 '행복한 가족 대화법'입니다
'자녀와 관계가 좋아지는 최고의 화법'입니다.

자녀는 인생의 귀중한 보석입니다.

함께 존재하는 것만으로도 감사하고

소중하고 값진 나의 사랑하는 자녀들입니다.

사랑합니다.

'행복한 가족 대화법'은 각 가정마다 환경이 모두 다릅니다.
하지만 가장 기본원칙은 변하지 않습니다.

'자녀와 관계가 좋아지는 화법' 안에
자녀와 '함께 걷는 인생'은 생각만 해도 참으로 행복합니다.
여러분들에게도 많은
도움이 되셨으면 하는 바람입니다.

가장 좋은 방법은 실행력입니다.
자녀가 꼭 알아야 할 다섯 가지 가치와
부모가 자녀의 자존감 살리는 5C 법칙은
인생 최고의 자녀 교육에 중요한 덕목입니다.

그리고 공개한 우리 집 행복한 가족

장점을 활용하신다면 금상첨화입니다.

문송란의 '굿나잇 행복 가족 톡 데이트 타임'을 매일

실행하시면 가족 모두가 만족하며

정말 가족 모두 함께 행복합니다.

부모와 자녀,

자녀와 자녀,

너무 좋은 '행복한 가족 대화법'입니다.

'자녀 교육은 무엇이 옳다'라는 것보다,

함께 고민하고,

함께 경험하면서 현실 속에서 자녀와 '함께 걷는 인생'에

서로가 좋은 친구가 되고 파트너십으로

사랑하며 행복한 향기가 가득하면 성공입니다.

우리 집의 행복 비법인

'굿나잇 가족 톡 데이트 타임'은,

매일 보는 가족 얼굴들 하루의 안부를 묻는

그 시간이 참으로 좋습니다.

가족 모두가 행복한 시간입니다.

보약 같은 '행복한 가족 대화' 비법으로

우리 가족 행복한 대화로 자녀와

'함께 걷는 인생'을 멋지게 걸어 보십시오.

우주에서 보내는 끌어당김의 법칙으로

행복한 신호를 만나 보세요.

오늘부터 자녀 사랑 표현을 지금 바로

'사랑한다'는 말 한마디부터 시작해 보세요!

- Song

수십 년을 자녀, 자신, 가족을 위하여
바쁜 나의 청춘의 시간들을 모두 태웠습니다.
열심히 살아온 모든 시간에
진심으로 감사하고, 행복합니다.

내 인생에 빛나는 많은 빛과 영감에 영향을 준
모든 지인들과 인연이 된 사람들에게 감사하다는
말을 전합니다.
'행복한 가족 대화법'은
부모의 '사랑'이 최고이며 자녀가 자라면서
부모와 함께 성장하는 삶의 열쇠입니다.

은총을 주신 하느님,

사랑하는 나의 가족,

'행복한 가족 대화법'의 가치와 권유해 주신

100세 건강 라이프 디자이너 최 대표님,

대한민국의 미래를 짊어지고 갈 꿈나무들을 위하여

나라 걱정, 나라 사랑하는 마음으로

행복한 가족대화법의 중요하고

필요성을 알려주신

자녀를 둔 현명한 지인 모든 분들에게

감사의 마음 전합니다.

'행복한 가족 대화법'이 탄생하도록 지금까지의 매일 저녁

수많은 대화로,

항상 겸손과 함께 배려하는 삶으로 성실하게 살아가는

우리 '가족의 깊은 사랑'에 감사드립니다.

가족을 늘 사랑해 주시고, 위트 있는 농담으로

행복한 가족 대화를

늘 끌어 주시는 우리 가족 가장께 감사합니다.

늘 의젓하고 큰 마음으로 동생 사랑하며 행복한 가족 안에
평화와 사랑이 늘 잔잔하게 머물게 하는 큰 그릇의 장남!
늘 감사의 마음으로 감동을 주는 효자 장남께 고맙다는
마음을 전합니다.

늘 한결같이 매일 저녁 함께 해준 사랑하는 가족을 위하여
막내의 '단톡 쥔장 역'을 조용히 점잖은 리더십으로
정성을 다하며 '해피 바이러스' 매일 날려 주는 효행!
이 기회를 통해 고마움을 전합니다.

이 글을 잘 완성하도록 맛있는 메뉴로 감동을 주었고
차와 달콤한 과일을 예쁘게 담아 늘 응원해 준
사랑스런 애기에게도 고마움을 전합니다.
이 책이 자손 대대로 물려주는 가보로 전수되어
행복한 가족 대화법으로 대한민국 가정과 이 세상 세계의
모든 나라의 가정 하나하나에 좋은 선한 영향력이 되어
귀한 삶으로 행복하길 진심으로 기원합니다.

이 모든 일어나는 좋은 일들에게 감사하며

매일 저녁 '굿나잇 행복 가족 톡 데이트 타임' 시간에
하루를 마감하는 우리 귀한 가족과 함께하는
시간 속에 항상 웃는 얼굴로 함께한
우리 가족 사랑 덕분입니다.

이 책을 만나게 되시는 독자 여러분의 가족과 부모라는
이름인 모든 부모들께 행복한 가족 대화법으로 대한민국
전국의 모든 가정 안에 행복한 대화가 가득하길
진심으로 바랍니다.

부모와 자녀가 함께 걷는 인생이
아름답고 행복한 꽃길이 되십시오.
몸과 마음 안에 항상 가까운 곳에 머무십시오.
행복한 가족 대화법으로 성공하는 귀한 삶의 시간이 되십시오.
자신에게,
가족에게,
기회를 풍요롭게 주십시오.
선택은 자신입니다.

실행도 자신입니다.

행복도 자신의 선택입니다.

건강과 행복 모든 것의 기회를 꼭 붙잡으십시오.

진심으로 기원합니다.

고맙습니다, 사랑합니다.

2023.8.6

행복한 가족 대화법

초판 1쇄 인쇄 | 2023년 08월 30일
초판 1쇄 발행 | 2023년 09월 06일

지은이 | 문송란

펴낸이 | 최원교
펴낸곳 | 공감

등　록 | 1991년 1월 22일 제21-223호
주　소 | 서울시 송파구 마천로 113
전　화 | (02)448-9661 팩스 | (02)448-9663
홈페이지 | www.kunna.co.kr
E-mail | kunnabooks@naver.com

ISBN 978-89-6065-324-5　(03320)